謙成文庫 著

国会議員が注目する26社

企業人が語る、現代の働き方。

はじめに

労働環境の改善は、企業だけでなく、今や国全体に関わる必須の課題である。第二次ベビーブームに生まれた団塊ジュニア世代が加わった24年前を契機に、労働力の主力となる生産年齢人口(15～64歳)は想定以上のペースで減少を続けており、2060年にはピーク時の半数になると予想されている。

このままでは国全体の生産力低下を避けることは困難であり、そうした課題解決の糸口となるのが、昨今、国を挙げて推進されてきた働き方改革に他ならない。

2016年9月には「働き方改革実現推進室」が内閣官房に設置され、2018年の通常国会で働き方改革関連法案が成立。課題解決に向けた取り組みが、いよいよその輪郭を見せ始めた。

しかしあくまでも、我々が目指す「働き方改革」は序章を迎えたに過ぎない。その言葉だけが独り歩きしてしまわぬよう、今後も労働環境の改善に向けた取り組みに議論が重ねられていくことを切に願うばかりだ。

そしてこの度、そうした働き方を真正面から題材に取り上げた書籍企画として、【企業人が語る、現代の働き方。】を上梓した。

そもそも日本国内における働き方は、今どのようなフェーズを迎え、どこにベクトルを向けているのか。その行く末には、何が待っているのか――。

それらの事象は、実際にビジネスの現場に身を投じる企業人にしかわかり得ない、経済の本質でもある。

だからこそ、様々な観点から企業の「今」と向き合い、その労働環境の在り方を紐解くことで、企業の指標となる働き方を少しでもお伝えできればと企画された。

企画立ち上げにあたり、現代の働き方を語る上で欠かすことのできない各企業をノミネート。その中でも、国会議員注目の26社を厳選し、記事化している。

業種や業態も問わず、IT、建設、ブロックチェーン、製造、教育、医療、コンサル、不動産、インテリアなど、実に幅広い分野の現場取材を敢行。そこで伝えられた生の声は、我々が進むべき行く末に新たな光を灯し、社会に生きるすべての方々に向けた、優秀な働き方モデルを提示してくれると確信している。

かつて、経営学者のピーター・ドラッカーは「未来を語る前に、今の現実を知らなければいけない。人は現実からしかスタートできないのだから」という言葉を残した。まさに我々が目指す未来も同様に、現実を知らなければ有意義な働き方を模索することさえ難しいだろう。

しかしながら、そう易々と現実を知り得ることはできない。だからこそ企業人の言葉に耳を傾け、咀嚼し、自身の現実を知ることから始めてみてはどうだろうか。

企業におけるダイバーシティは日々刻々と進み続け、国境や文化、人種を超越したグローバルな社会が、我々の目と鼻の先にあるどころか、手中にある。

IoTや5G、AIなどといった技術革新は、これまで見たこともないような世界を創造し、時間軸までもを変え、いつどこで誰と何をするかという選択の余地を大幅に広げることにも成功するだろう。

現在まで当たり前とされてきたビジネスの根幹は平然と揺らぎ、あり得ないことがあり得てしまう営みが我々を待ち受けている。

そして令和元年を迎えた2019年5月、全く予期できない社会の只中で、労働力や生産力といった社会の源泉は、どのような働き方改革によって道筋を描くのか。そこに答えはなくとも、答えを知ろうと躍起になる企業人の姿勢が、今の日本に求められているのではないだろうか。

だからこそまずは、様々に混在する現代の働き方を知り、働き方を考えること。それこそが、決して一過的ではない労働環境の是正に繋がっていくはずだ。

本書は、そのために伝えておくべきビジネスの事象や、そこに至るまでの企業人たちのキャリアをできる限り事細かに紹介させていただいた。来るべき未来に備えるための一助となれれば、我々の働き方改革は次のステップへ踏み出していくに違いない。

CONTENTS

01 ▶P014
株式会社メルカリ
執行役員 VP of People & Culture
唐澤 俊輔
価値のために働く時代

02 ▶P020
株式会社 U-NEXT
代表取締役社長
堤 天心
「個」が自立した組織に

03 ▶P026
株式会社日本幸産
代表取締役
小林千洋、那須春樹、正能達也
「希望」ある介護を

04 ▶P032
DNA 先端医療株式会社
代表取締役
栗原 慎一
「より良い」をつくる

05 ▶P038
株式会社 muse
代表取締役
勝 友美
想いを高らかに掲げて

06 ▶P044
株式会社 EMURGO
Founder & CEO
児玉 健
価値ある個人となるために

07 ▶P050
broadbean 株式会社
代表取締役
荘司 新吾
語り継がれる表現者として

08 ▶P056
株式会社 LIFULL
執行役員人事本部長
羽田 幸広
企業文化が、強さになる

09 ▶P062
株式会社流機エンジニアリング
代表取締役社長
西村 司
「生きる」を全力で楽しめ

10 ▶P068
株式会社猿
代表取締役社長
山本 尚宏
「ワクワク」を創る

11 ▶P074
パーソルキャリア株式会社
転職メディア事業部 事業部長 doda 編集長
大浦 征也
キャリアをカラフルに

12 ▶P080
株式会社アリスタゴラ・アドバイザーズ
代表取締役会長
篠田 丈
世界と勝負できる人に

CONTENTS

13 ▶P086
ベストインプレ・コンサルティング株式会社
代表取締役社長
松本 喜久
まず、自ら挑戦せよ

14 ▶P092
ソルナ株式会社
代表取締役
三澤 和則
「人間力」が試される時代

15 ▶P098
株式会社ライフラリ
代表取締役
名倉 公彦
自ら考え、動ける人に

16 ▶P104
合同会社 EnZin
代表取締役 CEO
井上 教明
卓球経営で変革を

17 ▶P110
大迫電気株式会社
代表取締役
田中 芳尚
時間で稼ぐのではなく、
成果を挙げることで稼ぐ

18 ▶P116
株式会社日本アセットナビゲーション
代表取締役社長
茂木 亮介
仕事で「良い影響」を

19 ▶P122
株式会社 Tcell 医療福祉経営コンサルタント
代表取締役社長
戸井 優貴
10 歩進んで2歩下がりながらでも、
人は生きていける

20 ▶P128
株式会社東京リサイクル
代表取締役社長
赤池 慶彦
「個」の力を高めたい

CONTENTS

CONTENTS

25 ▶P158
株式会社テンカット
代表取締役
本橋 優一
経営者意識をもてる人に

26 ▶P164
夢見る株式会社
代表取締役
重見 彰則
「働く背中」を見せる

国会議員が注目する26社

企業人が語る、現代の働き方。

01

株式会社メルカリ

執行役員 VP of People & Culture/ 唐澤 俊輔

価値のために働く時代

大学卒業後、日本マクドナルドに入社。マーケティング部長や社長室長を歴任、チェンジ・エージェントとして組織内部からの変革を推進、全社のV字回復を果たす。2017年9月、メルカリ入社。2018年4月より執行役員VP of People & Cultureとして、人や組織の観点から急成長するメルカリのさらなる拡大やグローバル化を推進する。

東京都港区六本木 6-10-1 六本木ヒルズ森タワー
https://www.mercari.com

いつも「バリュー」を胸に

私が執行役員を務めるPeople & Cultureグループは、人事や総務、労務など、人材や組織に関する業務に携わるチームです。「メルカリらしさ」を守りつつ、人と組織を成長させ、進化させるためのさまざまな取り組みを行っています。一般的には「HR（ヒューマンリソース）」と呼ばれることが多いですが、私たちは人を「リソース（経営資源）」として見るより、一人ひとりの社員が自分らしく、いきいきと働いて欲しいという想いから、Peopleと呼んでいます。その中で守るべき「メルカリらしさ」とは、メルカリの「新たな価値を生みだす世界的なマーケットプレイスを創る」というミッション、そして「3つのバリュー」に集約されていくと考えています。

バリューの一つ目は「Go Bold 大胆にやろう」。世の中にインパクトを与えるイノベーションを生み出すため、失敗を恐れず、失敗に学びながらチャレンジすることを前提にしています。次に「All for One 全ては成功のために」。多様な個人によるチームが同じ目的を共有し、メンバーの持てる力を結集して最高のプロダクトを創ることを目的とするものです。そして三つ目が、「Be Professional プロフェッショナルであれ」。全ての個人が卓越した能力とオーナーシップを持ち、知識だけではなくアウトプットまで責任をもって働くことを大切なバリューとして掲げています。

メルカリには働く様々な局面で、この3つのバリューに沿って行動しているか立ち返って考える文化があります。採用や評価面談の際にもバリューの確認が行われ、会議でもバリューが記載された資料が常に使われています。「それはGo

Boldではないよね」といった会話が社内で日常的に交わされるほどに浸透しているのです。

バリューに基づく制度構築

各種の社内制度も、バリューの実現のために整備されてきました。たとえば「Go Bold」に働くための人事制度のパッケージとして、「merci box（メルシーボックス）」というものがあります。メルシーボックスの内容は幅広く、とくにダウンサイドリスク、つまりさまざまな事情で満足に働けない状況になった際のサポートを重視しています。将来に不安なく働けるからこそ、大胆にチャレンジができると考えるからです。一部を紹介すると、病気やけがによる入院・治療の際に、療養に専念するための支援制度、万が一の時に社員の家族を支援する全社員の死亡保険加入などがあります。

また、家族を含め、社員の生活環境を支援するため、産休・育休の復職一時金、育児・介護休暇の有償化、子どもが病気になった時の保育費の支給制度なども整備。育児に関する最近の大きな問題である待機児童には、認可保育園に入園できず、認可外保育園に入園する際、差額の保育料を負担する制度で対応しています。なお、メルシーボックスの内容は定期的に効果や利用件数などをチェックし、制度の追加改善などを随時行っています。

「Be Professional」に関連する制度としては、新卒社員、また内定者を対象とした評価制度「Mergrads（メルグラッズ）」が挙げられます。これは新卒の時から給与を一律にせず、経験や能力に応じて個別に条件をオファーする制度。入社後のステップアップの道筋も明確に示し、プロフェッショナルとしての成長を支援します。海外へのテックリサーチを推進するなど、プロフェッショナリティを高める制度を整えているのです。

性善説が生む「自ら考え自ら行動する」文化

バリューとともにメルカリの特徴として挙げられるのが「性善説」ではないでしょうか。社員をルールで縛らず、現場の裁量を大きく、個々の判断を最大限尊重する文化です。たとえば最近、メルカリアプリ内のお客さまプロフィールの性別欄に、男性・女性のほか、LGBTの方々に配慮した「無回答」という項目を追加しました。これは社内の自主的なダイバーシティ&インクルージョンの活動から意見が出され、即座に実施されたケースです。会社が指示をして実行するのではなく、こうした自発的な活動から生まれたアイデアが、実際にプロダクトに反映されていきます。こうした文化が根づいていると、現場での気づきからイノベーションが生まれることも多くなり、企業規模が大きくなっても個人・チームが自発的に行動し、変革を起こしてゆけるため、この文化は大切にしていきたいと思っています。

そして当社はテックカンパニーとして、課題をまずテクノロジーの力で解決しようとする意志があることも特徴です。一つエピソードを紹介すると、メルカリには部署間を超えて社内コミュニケーションを活性化させること等を目的に、他部署の社員など普段接することが少ない人とランチを囲むことを推奨する「シャッフルランチ制度」があります。しかし、ランチの場をセッティングするという手間がボトルネックになって実施率が上がらないことが課題となっていました。そこである社員が、全社員をランダムにマッチし、メンバーや日程を自動的に提案するプログラムを自主的にエンジニアリングの力で開発し、実施率を向上させました。面白いのは、このプログラムを作ったのがエンジニア組織のメンバーではなく、グローバルオペレーションズチームという翻訳や通訳、社内のグローバル化を推進するチームのメンバーとして入社したメンバーであったこと。課題解決のため、誰もが自ら考え自ら行動する風土をよく示していると思います。シャッフルランチのケースは、テクノロジーを活用する目的が「人と人が顔を合わせて話すこと」であることも重要です。自動化できることはコンピュータに任せ、人は人にしかできない価値を生む活動に注力する、これからの働き方のヒントにもなるのではないでしょうか。

メルカリの「働き方」を世界に発信

社会・技術の進歩と企業・組織の変化は連動しています。SNS等の発展により、「個」の影響力が高まる中、企業と従業員の関係においても「個」が強くなることになります。ブロックチェーン技術が進歩し分散型社会へと変化することで、会社も個人やチームに権限委譲された、分散型の組織になるはずです。その中で企業は、一つのプラットフォームとして多様な社員が分散的に価値を発揮していく場になるでしょう。

またＡＩの進化により、個人が必死に働かなくてもＡＩが生産してくれる社会になれば、生きるため・稼ぐために働くのではなく「どのような価値を社会に提供するか」「何のために生きるか」ということが問われるようになります。

これは企業・組織においても大きな変化で、社員が企業に尽くして働くということがなくなり、企業ごとに、どういう組織風土なのか、どういう環境を提供しているのか、どういう人材や仲間になってほしいのか、といったことを定義し社員を募ることが重要になっていきます。

当社はそうした重要課題を意識しながらグローバルテックカンパニーを目指し、世界へと展開しています。その中で、私が所属するPeople & Cultureグループでは、グローバル化を前提とした新しい制度や仕組みを「Go Bold」に生み出し、他社にベンチマークされる存在になりたい。働く一人ひとりが世界で活躍できる企業へ成長させるとともに、カルチャーの重要性を世の中に積極的に発信し、日本の人事のあり方、働き方を抜本的に変えてゆくことにも貢献していきたいと思っています。

国会議員からの一言

言わずと知れた、我が国が誇るIT企業。先進的な採用だけではなく、「大胆さ」を反映させた社内組織も時代の先端を切り拓いている。企業のために働いているのではなく「個」が自発的に活動していく時代が到来していると感じます。

株式会社メルカリ

東京都港区六本木 6-10-1 六本木ヒルズ森タワー　https://www.mercari.com

株式会社 U-NEXT

代表取締役社長 / **堤 天心**

「個」が自立した組織に

1977 年生まれ。東京大学工学部を卒業後、リクルートに入社。営業、経営企画を経て 2006 年に USEN に転職。VOD（ビデオ・オンデマンド）サービスの立ち上げを担う。分離独立した 2010 年以降は U-NEXT を事業本部長として率い、2017 年に U-NEXT の代表取締役社長に就任する。

東京都品川区上大崎三丁目1番1号 目黒セントラルスクエア
https://unext.co.jp/

メディアへの興味は古典との出会いから

自立した人間の行き着く先が「メディア」である。そんな風に思い始めたのは、15歳の頃です。当時は家庭環境の変化もあり、古典や哲学書を読み漁っていた時期でした。古典の作者たちが描く「世界の見方」に触れて感じたのは、彼らは戦争や貧困、偏見や権力闘争といった世の中の不条理と戦っているということ。その純粋で強い想いを後世に残すために作られたのが、「書」という形をとったメディアだということです。

テクノロジーの発達とともに「メディア」と呼ばれる媒体は飛躍的に発展し、それらに対する私の興味も強くなっていきました。大学卒業後にはメディアビジネスに関わるチャンスもあるのではないかと考えリクルートに入社します。リクルートは当時からフラットな組織。他の企業に比べても若い方が多く、活気に溢れていたことも魅力の一つでした。

営業職を経て、入社2年目には経営企画室へと異動しました。社内のキーパーソンや社外の優秀な戦略コンサルタントの方と一緒に仕事をする日々は刺激的でした。経営戦略に関する本を何十冊も読み、コンサルティングの基礎となるフレームワークも学びました。いま考えてみれば、新卒2年目で会社の成長戦略を描くプロジェクトに参画できたことは貴重な経験だったと思います。

しかし、当時のリクルートはメディア事業に注力するフェーズではなかった。経営企画室での仕事にも慣れてくると、しだいに自分の今後のキャリアを考え始めるようになりました。

新しいメディア・エンターテイメントを創りたい

そんなある日、私のデスク宛に一本の電話が入りました。「USENの宇野社長と一度会ってみないか」というヘッドハンティング会社からの連絡です。当初は転職する気持ちはありませんでしたが、偶然あるプロジェクトでUSENをリサーチしていたこともあり、お会いさせていただきました。「代表から直接情報を聞けるチャンスかもしれない」そんな風に思ったのです。

しかし、実際に宇野と話すなかで改めて感じたのは、私は「メディア」事業がやりたいのだという強烈な想い。事業としての明確な戦略や方向性が固まりきっていない「カオス感」も、ある意味魅力的でした。結局、その1年後にUSENに転職することを決断しました。

当社の主な事業は、動画配信サービス「U-NEXT」です。私がUSENに入社した翌年の２００７年には前身となる「GyaO NEXT」を開始し、以降インターネット通信を通じて動画を配信してきました。ＤＶＤや本といったフォーマットに捉われることなく、コンテンツをデジタルデータとして最適なデバイスに届ける。ユーザーの利便性やクリエイターの自由度を考えても、デジタル配信の魅力はここにあると思っています。

スマートフォンの普及や配信技術の革新などを受け、動画配信市場はここ数年で急速に発展しました。さらに今後は５Gという次世代のネットワークインフラが控えています。目まぐるしく進化する市場で勝ち残るのは容易ではありませんが、同時にエキサイティングでもあります。遊び心と強い志をもって新しいメディア・エンターテイメントを届けていきたいです。

目指すのは「自立した個」の集団

自動車産業をはじめとする日本の製造業の発展には、部門間やモジュール間などでの相互調整を重ねながら全体最適を進める「擦り合わせ型」の開発スタイルが大きく影響してきたと言われています。私もこの考え方には共感します。価値あるサービスを提供する上でのクリティカルな課題を解決するためには、異なる専門性をもつ人々が相互にコラボレートしながら最適設計を図ることが非常に大切です。その実現の前提には、個々人が自分の得意領域に対し健全なプライドと責任感をもつ姿勢が求められるでしょう。

その上で、当社の組織文化の軸としているのは「個の自立」。個人的な欲求や感情といったものに固執せず、ユーザーやビジネスパートナーの課題解決という視点で物事に向き合う。そうすることで、はじめてコラボレーションスタイルのプロダクト作りが機能すると考えています。

人材の採用においても、「精神的に自立しているか」という点は重要視しています。他者からの承認を拠り所とせず、結果のために純粋に考え行動できる方と一緒に挑戦していきたいですね。部署を超えて仕事を進める場面も多いため、選考には入社後に関わりそうなメンバーにできるだけ参加してもらい意思決定を行います。

現在は15カ国以上のメンバーが在籍しておりそれぞれのバックグラウンドも様々ですが、多様性を理由にマネジメントに苦労するようなことはありません。それぞれが自立的に協調しながら挑戦を楽しんでいます。目指すのは、客観的な視点を持ち相手を尊重しながらも自分の意見を語れる組織。そんな成熟度の高い集団にしていきたいですね。

自由度の高さが強さになる

動画配信サービスの立ち上げから10年以上が経ち、事業規模や関わるメンバーの数は変化しましたが、一貫して大事にしているのは「自由度の担保」です。

コンテンツを提供する上では、広告主などの利害関係者が増えるとどうしても自由度が失われてしまいがちです。しかし私たちのサービスは月額課金モデル。月額料金が収益源なので、制約条件の少ない環境でコンテンツを届けられます。当社のプラットフォームが作品を創るクリエイターの受け皿となり、価値を感じたユーザーからの支払いを原資に新しいコンテンツを届ける。このようなサイクルを創出できるビジネスには大きなやりがいを感じています。

組織のあり方としても「これに従わなければいけない」といった制約条件は出来得る限り少なくしています。もちろん社会的に生きている以上は、最低限果たさなければいけない義務はあります。けれど会社に関わるクリエイターや社員が精神的に健全であり続けるためには、彼らが「自由」を享受できている状態か問い続ける姿勢は忘れてはいけないと思うのです。

そのため、企業における「ルール」もメンテナンスしてアップデートし続けています。

ルールは「作る」ものであって「守り続ける」ものではありません。組織の指針やガイドラインも絶えず「暫定ルール」とし、その合理性に疑問を感じたらすぐに変えていくべきだと私は考えています。

動画配信市場はNetflixやAmazonをはじめグローバル規模で強力な競合が多く、厳しい環境と捉えることもできます。けれどエンターテイメントを提供する以上、楽しむ姿勢は大切にしたい。これからも良い意味で型に捉われず、成熟した自由度を武器に高みを目指します。その挑戦を仲間やユーザーが共に楽しんでくれれば、それ以上の喜びはありません。

国会議員からの一言

U-NEXTが動画配信市場で多くの実績を残す理由がよく理解できます。より自由な発想が求められるメディアだからこそ、個の自由を担保し、その根底ではユーザー視点を共有する。現代の指標となる働き方です。

株式会社 U-NEXT
東京都品川区上大崎三丁目1番1号 目黒セントラルスクエア　https://unext.co.jp/

株式会社日本幸産

代表取締役 / 小林千洋、那須春樹、正能達也

「希望」ある介護を

2018 年1月、有限会社アートライフ代表の小林千洋氏、株式会社 Azzurro 代表の那須春樹氏、ケア・メディ株式会社代表の正能達也氏の 3 名が共同代表となり、株式会社日本幸産を設立。全国の事業所の M&A・事業承継を積極的に進めながら、グループホームや介護つき有料老人ホーム等の施設運営を手掛けている。

東京都北区田端 1-19-8

介護事業のグループ化、M＆Aの目的と展望

日本幸産は、グループホームや介護つき有料老人ホーム等の施設運営を行う会社です。2018年に介護サービス関連事業を行う3つの会社の代表が中心となって設立しました。実績ある介護関連企業がグループを形成することで日本幸産は施設運営に特化しながら、施設の維持、管理、保険請求業務、保険代理店、入居相談等の業務をグループ内で完結、スケールメリットによるコスト削減を実現しています。

また当社はこれまで、全国的に増えている介護事業所のM＆Aを積極的に行ってきました。背景には、2000年の介護保険制度後の環境変化があります。制度スタート当初、介護事業は参入障壁が低いこともあり、多くの事業者が参入。定年退職後に個人で始められるケースも多数ありました。

しかし現在、競争の激化や制度変更による経営悪化により倒産、また主事業が多忙で手が回らなくなる事業者も増えています。個人で退職後60歳で始められた方は、今80歳ですから、後継者問題も深刻。現在、介護事業所の9割は中小企業ですが、大型化、集約化の流れが明確になってきています。

当社3名の代表陣は、それぞれ介護事業に長く携わり、また大手介護サービス企業での経験があります。これまで培ったノウハウとネットワークを活用し、全国の継続が困難な介護事業者を承継・再生する事業に、ビジネスとしてはもちろん、社会貢献としての可能性を見出しています。

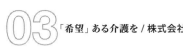

企業のノウハウで疲弊する職場を復活させる

全国で承継した介護現場を見る中で痛感するのが、介護事業所では人材を適材適所に配置するというマネジメントの発想が足りないこと。しかも、外部の情報がほとんど入ってこない閉鎖的な環境のため、その状況が改善されていません。就業規則や労働契約書を交わしていないなど、会社組織の体をなしていないケースもあります。現在議論されている「働き方改革」についても、自分たちの問題として考えている所長やオーナーは少ないのではないでしょうか。

給与水準がサービス業の中で低いのも現実で、継承した事業所の職員に昇給の話をすると「昇給なんてあるんですか?」と驚かれることもあります。給与は働く上で大きなモチベーションであることは間違いなく、この状態では良い人材の確保は望めません。だからこそ、職員の待遇をよくするには収益を上げること。個人で運営をされているケースで多いのが、施設の運営スキームをお持ちではなく、無駄が多く、仕事の分担がされておらず完全に現場が疲弊しているケースです。当社は、これまで積み上げてきた施設運営ノウハウを用い無駄な業務を減らし業務をスリム化。そして、コスト削減分を職員に還元するような取り組みを続けてきました。

努力次第で待遇改善することがわかれば、職員さんもプロ意識が芽生え、もっと良くしたいというモチベーションが生まれます。私たちは経営のプロであり、現場からの貴重な改善提案は、止めずに報告するようマネージャーに言い聞かせています。

また、職員全員に携帯番号を書いた名刺を配って「ホットライン」を作り、職場の風通しを良くしていくことも大切です。良い提案が上がってくれば、役員会ですぐにジャッジする意思決定の速さ、フットワークの軽さも強みとなっているのではないでしょうか。

多様な人材が活躍できる場を作る

大手、中小を問わず、介護業界において人手不足は大きな課題です。介護の担い手を増やしていくためには、様々な背景を持つ人が誰でも働きやすい場にしていくことが重要です。

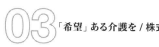

当社の運営施設で働いている方は多様で、たとえば年齢層は、40代後半から50代の女性が最も多く、M＆Aで継承したある施設では、70歳の女性が介護職員として現役で働いています。介護の仕事は本人が元気であれば、年齢を問わず働くことが可能。私たちの施設は地域に密着した事業であり、地元の高齢者と良い関係を築ける人材は貴重です。また、新卒の若い社員も採用しており、70代の職員と同じ職場で助け合い、教え合いながら働いています。これはほかの業種ではなかなかないことではないでしょうか。

施設によっては外国人の職員もいます。ただし、今のところ国で推進されているような形には程遠いとも感じています。アジアの方々は、おもてなしの心、勤勉さがある方が多いですが、やはり言語の壁があることも事実。風習や風土など微妙なニュアンスを含めたコミュニケーションがうまくいかず、サービスの質で落ちてしまう現実があります。

とはいえ、外国からの職員の受け入れについては積極的に行う準備を進めており、無理だと思っているわけではありません。多様な人材を適材適所でマネジメントすることは、管理する者の責任ですし、単に「人手を増やすため」という発想ではなく、性別、年齢、国籍問わず、多様な人材がそれぞれの力を十分に発揮し、質の高いサービスを提供できる組織を作っていきたいと思っています。

キャリアを複線化、ステップアップの道筋をつける

業界活性化には、若い力も必要です。介護を志して入ってきてもらえる、また将来に希望をもって働き続けてもらえる会社にしなくてはなりません。そのために必要なこととして、ステップアップのステージがあります。

介護施設等でよく見るのは、施設長、副施設長等、上が詰まっている状況。若いやる気のある方が、あと20年、30年働いても給与も上がらず、地位が変わらないと気づいてしまい、有能な職員ほど、見切りをつけて出ていってしまう。

ステップアップの道筋を示すための方策としては、介護福祉士、ケアマネージャーなど資格手当などで、スキルアップをしっかり評価することのほか、現実的にポストを作るために組織を大きくしていく必要があります。

当社が全国のM&Aによって展開していく過程では必ずポストが増えますので、有能な人材を登用する道も確実に作っ

ていきたいと考えています。

そして現在介護の現場にいる人が、マネジメントなどほかの業務に興味を持ったり、ほかの仕事をしてみたいという意思も尊重していきたい。ここでは、当社に介護関連事業を幅広く手掛ける企業グループがあることが重要です。たとえば現場をいったん離れて、請求業務、保険代理店、建物の管理などを行う関連会社に「武者修行」のように出向すれば、人材を流出させることなくキャリアを積めるのではないでしょうか。

業界はさまざまな課題を抱えてはいますが、介護はやはり、やり甲斐のある仕事です。今現在も、多くの方が誇りを持って働いています。また超高齢化の中で、介護職への社会的要請については誰もが認めるところ。もっと多くの方に「介護業界で働きたい」「介護の仕事についてよかった」と思ってもらえるような会社を作り上げ、業界のモデルケースになっていきたいと思っています。

国会議員からの一言

社会的なニーズが高まる介護業界の中で、積極的にM&Aを展開している点が事業的にも有望。また、3名の共同経営によって三者三様の哲学を一体化し、新しい時代の経営スタイルや労働環境を提供しているあたりにも注目したい。

株式会社日本幸産
東京都北区田端 1-19-8

DNA 先端医療株式会社

代表取締役 / **栗原 慎一**

「より良い」をつくる

中央大学経済学部卒業後、スターティア株式会社に入社。その後立ち上げメンバーとしてスターティアラボ株式会社に転籍。株式会社ファンネル、代表取締役を経て、2018 年、DNA 先端医療株式会社を設立、代表取締役に就任。

東京都港区麻布十番 1-9-7 麻布 KF ビル 7 階
https://www.dna-am.co.jp

出生前診断の普及を目指して

ＤＮＡ先端医療株式会社は、遺伝子・ゲノム解析関連のメディカルサービス企業です。現在、主業務として新型出生前診断（NIPT）に関するサービスを提供しています。

NIPTは、妊婦の血液に含まれる胎児のＤＮＡを分析、染色体異常の有無を調べる非確定検査。従来の非確定検査である超音波検査、母体血清マーカーなどと比べ精度が高く、また、採血だけで実施できることから羊水検査や絨毛検査などの確定検査と比べ、流産のリスクがないなどのメリットがあります。

しかし出生前診断の日本での普及率は高くありません。たとえばイギリスでは9割近い妊婦が受検しており、アメリカでも6割以上が受検しています。一方、日本では、年間１００万人の出生者数といわれる中で、およそ7％の方が受検するにすぎません。その理由として、出生前診断について認知されていないということがあります。イギリスでは法律上、妊婦に必ず出生前診断に関する案内をしなければならないとされていますが、日本の医療機関では診断に制約を設けるところが多く、案内もされないという現状があります。

外国の事例を参照しても、選択肢が示されれば日本でも受検率が増えることは間違いありません。当社では、出生前診断についての様々な議論も踏まえつつ、「希望される全ての妊婦さんが出生前診断を受検できる」社会を目指し、普及に寄与していきたいと考えています。

安心して受検するためのサービス

当社の特色として、まずは検査を実施する医療機関の数があります。全国20か所の提携クリニックを持ち、妊婦さんに負担となる長距離移動をすることなく受検できる体制を整えています。

また、検査予約を入れたものの、事情があり検査をしなかった場合の「キャンセル料」がありません。妊婦さんの体調の変化、また流産をされた場合でもキャンセル料がかかるという現状に疑問を感じ、無料にすることを決めました。さらに、非確定検査で陽性となり、羊水検査などの確定検査を受ける費用の全額負担も実施。国内の医療機関で確定検査を行う場合は、条件や上限などもなく、すべての料金の負担を保証しています。

サービス内容を検討する際、常に考えることがあります。それは妊婦さん、またご家族の方が安心して出生前診断を受け、安心して出産されるためにどうすればよいかということ。できる、できないは考えず、「こういったサービスがあればより安心して受検できる」という気付きを大切にしています。

今後のテーマとしては、出生前診断で陽性の場合に「生む」という決断をされた方にできることは何か。国からの支援もありますが、より不安なく出産・育児ができるよう、会社のサービスとして何らかの形で経済的に支援する方法はないかを検討しています。

出生前診断の認知率向上のためには、一社だけではなく業界の取り組み、また国の制度も大きく関わります。当社が良質なサービスを提供することで、業界をリードし、様々に提言できる存在になっていきたいと思っています。

思い立ったらすぐに動く

ＤＮＡ先端医療株式会社は２０１８年に設立した新しい会社ですが、私自身は医療の専門家というわけではありません。大学では経済学を学び、在学中から起業を志していました。卒業後は、様々なビジネスを知るため商社に入社。入社試験でも、起業の希望をお話したうえで採用されました。社内では新規事業部を希望し、事業の内容が決まっていないところからトライ&エラーを繰り返す仕事がしたかったからです。また、社員としての仕事以外にも、気になる経営者の方に会いに行ったり、ドバイで開催される経営者の集まりに参加したりと、自分なりに動いていました。その時期の数々の出会いは、今の事業でも思わぬところで助けになっています。

商社退社後、コンサルティング会社の設立などを経て、ＤＮＡ先端医療を設立することになります。遺伝子関連の事業を選んだのは、新しい分野のため競合は多くはなく、差別化の余地があったこと、参入に莫大な資金を必要としなかったこと、ビジネスモデルが複雑ではなかったことなどから、成功の可能性が高い事業だと判断したからです。

大切なのは、思いついたらすぐに行動すること。行動してはじめて機会ができます。失敗のリスクはもちろんありますが、世間では失敗した場合のデメリットばかりを強調し、成功したときのメリットがあまり議論されないのが疑問です。だからこそ私は成功するイメージを大切にし、まず行動を決めてしまうようにしているのです。

日々の仕事でも「すぐにやる」を意識しています。仕事のタスクを書きだすことは多くの方がしていると思いますが、私はスケジューラにそのタスクを何時何分にやるかまで書き込みリマインド。時間が過ぎてタスクが達成できなかった時には、その時点でいつやるか、やめるか、次のスケジュールを決めます。これは商社に勤めていたころから行っていることですが、行動することが習慣化し、生産性が全く変わりますのでお勧めです。

お金は大切だけど働く目的ではない

「仕事とは何か」「なぜ働くのか」と正面から問われると答えるのは難しいですが、一つ思い出すことがあります。それは、商社時代の20代で知り合った年下の社長のこと。発想が奇抜で、視点に驚かされることが多かったのですが、その方にある日「栗原さんは何のために起業したいの?」と聞かれたのです。私は自信をもって「お金を稼ぐためです」と答えました。するとその社長は「犯罪をしてでもお金を稼ぎたい?」と聞く。自分はもちろん「そうは思わない」と答えます。すると「それなら、おそらく栗原さんはお金のために働いているのではないのですよ」と一言。シンプルすぎるほどシンプルな理屈ですが、その方のキャラクターも相まって「たしかにそうだな」と妙に納得させられました。

お金は大切ですが、そのためだけに働くのではない。「社会貢献」という言葉も、当たり前すぎてぴんと来ない。では何のためか。しいて言うなら、働くことは「より良い」を作ることではないかと思うんです。「ちょっとこうすればいいのに」とか「自分ならこういうのが欲しい」ということがあるから、働く。既存のものと完全な上位互換でなくても、何かしら、少しでも良くする。ビジネスの「差別化」といわれるものは、まさにそのような試みですよね。

当社の診断キャンセル料無料化や確定検査の費用負担も、妊婦さんや家族の安心のために、どうすれば「より良い」かと考え実施してきたもの。私にとっては当たり前のアイデアですが、業界内では新しいサービスになりました。そういうものがあるからこそ、働く意味がある。これからも自分が考える「より良い」を作るため、積極的に行動していきたいと思っています。

国会議員からの一言

ゲノム解析・編集の領域はこれからの時代には大きく脚光を浴びることになるだろう。これまでの医療では解決することができなかった、難病や障害からの解放、及び予防の可能性を秘めている。国の議論と同時に注目していきたい。

DNA 先端医療株式会社

東京都港区麻布十番 1-9-7 麻布 KF ビル 7 階　https://www.dna-am.co.jp

05

株式会社 muse

代表取締役 / **勝 友美**

想いを高らかに掲げて

1985年生まれ。兵庫県出身。短大卒業後アパレルメーカーに入社しトップセールスとなる。海外向けポータルサイトでのスタイリストを経てオーダースーツ業界に転職。2013年には日本初の女性テーラーとして、株式会社 muse を創業。（ブランド名Re.muse/ レミューズ）2018年2月、業界初の快挙となるミラノコレクション出場を果たす。

東京都港区六本木 5-2-1
https://re-muse.jp/

「好きを仕事に」覚悟を決めた20代

思えば20代は、人生をかけて「好きなもの」に向き合う覚悟を決めた時期でした。子どもの頃からファッションが大好きで、短大卒業後は迷わずレディースアパレルの業界へ。入社後トップセールスとなり、3年目には海外向けに日本のファッションを発信するメディアから、スタイリストのオファーを受け転職します。新たな知識を得ることができ、多忙ながらもやりがいを感じていました。

そんななか、最愛の父が他界します。それまで仕事の合間をぬって父親の看病を続けていた私は、張りつめた糸が切れたかのように、仕事への意欲を失ってしまいます。「好きなことを仕事にするのはもうやめにしよう」そんな風に思ったのです。

その後、やりがいは求めずにただ条件だけを見て職探しをし、選んだ先はデンタルクリニックでした。そこで私は強烈な違和感を覚えます。朝も昼も同僚たちが話している内容は、退社時間や飲み会の相談だったのです。彼女たちは人生の大半の時間を注ぐ「仕事」から離れることを常に考えているようでした。それは私の生き方とは違うと思いました。このたった一日の経験は、私に、やりたいと思える気持ち以上に優先する条件などないという事を気付かせてくれました。私は入社初日に辞職を告げ、再びファッションの道を志しました。

周囲からは「好きなことを仕事にできて羨ましい」と言われますが、「好き」だからこそ伴う苦しさもあります。時には9割は辛い事の方が多いのではないかと思う時があります。しかし、残りの1割の喜びが、それをも上回るのです。

オーダースーツ業界に光を取り戻したい

縫製や採寸の技術を身に付けるために辿り着いたのは、オーダースーツの世界。ところが実際に店舗に入ってみると、マニュアル化された接客や必要最低限の採寸が求められました。単価の高いオーダースーツが売れにくくなっているなかで、価格を落とすために縫製が簡略化されていました。効率を重視するあまり、お客様の目的に寄り添って商品を提供する「オーダー」の概念は失われてしまっていたのです。

画一的な接客に馴染めなかった私は、しだいに店頭に立つのが怖くなり、会社に行こうとすると足がすくむようになりました。けれど、誰かを輝かせる服を作りたいという想いだけは忘れることはありませんでした。店舗スタッフや責任者が次々と辞めていくなか、折れてしまいそうな心を立て直して運営に取り組みました。

まず採寸技術を身に着けるため、顧客のオーダーシートを過去に遡って目を通しサイジングについて研究したり、スーツの本を一冊丸々書き写して暗記したり、足りない知識を徹底的に学びました。生地の提案を的確にできるようにするため、終業後には色彩の学校に通いました。そうして自分の知識と技術に自信がつき、お客様にも信頼していただけるようになっていきました。

「人に寄り添い、目的を叶えるスーツを仕立てる」そんな想いから独立したのは28歳のとき。オーダースーツが売れないと言われる時代に、専門店をオープンするのは無謀だという声も多くいただきました。けれど女性テーラーが生まれてこなかった日本で、自分の人生をかけて挑む価値が、そこにはあると感じました。失われつつある文化に、もう一度光を当てたいと思ったのです。

100年先も愛されるブランドを目指して

独立してからは試練の連続でした。お客様も人脈も資金も経営ノウハウも、何もない中での起業でしたから、オープン初月に倒産の危機に見舞われます。夢を叶えるはずが、失うものの方が多いように思え、一人うなだれていました。そんな日々の中でも、「想い」を見失う事はありませんでした。この想いさえ失わなければ、未来は切り開いていけると強い気持ちを持てたのもこの時です。

それからはお会いする方々へ想いを語りました。また会いたいと思って貰える人になろう、訪れることに価値のあるお店をつくろう、スーツの事を24時間考えるのではなくお客様の事を24時間考えよう。

そうして、気づけば沢山の方が訪れて下さるお店となり、1年が経った頃には業績も伸びていました。1日2時間ほどの睡眠時間しかとれない日々は続きましたが、辛くはありませんでした。スーツに袖を通した瞬間、お客様から溢れる自信の表情や、感謝の言葉が私を鼓舞してくれました。皆様のお陰で今の自分がある事への感謝を噛みしめていました。

私一人の想いから始めた事業。それを進めていく中で大切にしていることは、組織としての共通のビジョンを浸透させ、全員が同じ方向に向かって走ること。入社を希望される方にも「技術を身に着けたいだけであれば、他でも良いと思います」とあえてお伝えします。「共にブランドを創る」という志をもつ仲間と、100年先まで愛される会社を育んでいきたいと考えているからです。

泥臭く生きて。クールになる必要はない。

いま若い世代の人たちに伝えたいのは、「想いが未来を創る」ということ。環境やお金を「できない」理由にする人も多いですが、未来は自分の中にしかありません。私はココ・シャネルの生き方に共感し、自分がこの世の中から消えた後にも残るようなブランドを作ると決意しました。お金も人脈もノウハウもありませんでしたが、その想い一つで、ここまで来ることができました。

想いを実現するためには、クールさなど必要ありません。むしろ、泥臭く生きることが必要です。人は熱量の高い場所に集まってくるものです。今何を持っているかではなく、自分の想いを高らかに掲げて生きてほしいと思います。想いは目には見えませんが、あらゆるものを育む根源だと私は思っています。当社では、会社として大事にしているコアバリューを一日の始まりにスタッフ全員で唱和し、閉店時にはそのバリューを一日の中でどれだけ発揮できたかをとことん話し合っています。

また、女性テーラーが活躍できる環境を整えることも、使命の一つです。女性の育成はレディースオーダースーツの発展に寄与します。女性テーラーが作るスーツを身に纏い、生き生きと働く女性が増えることにより、日本社会の発展に貢献するものとなります。女性が自分らしく働ける会社のロールモデルとなり、そのような方が増えると嬉しいです。

2018年には世界4大コレクションの一つ「ミラノコレクション」への出場を果たし、少しずつですが自分たちの想いが世の中に広がっていくのを感じています。しかし、今はまだ「100年先」に向けて、歩き始めたばかり。私たちは流行ではなく時代を作りたい。一人でも多くの人に必要とされるための価値を高めながら、一歩一歩挑戦を積み重ねていきます。

国会議員からの一言

本書において、唯一の女性経営者としてノミネートされた勝氏。女性ならではの視点からオーダースーツの魅力にスポットを当て、強力なブランドに育てた功績は称賛に値する。女性活躍のロールモデルとしても期待したい。

株式会社 muse

東京都港区六本木 5-2-1　https://re-muse.jp/

06

株式会社 EMURGO（エマーゴ）

Founder & CEO/ 児玉 健

価値ある個人となるために

1988 年生まれ。岡山県岡山市出身。ボクシングで高校時代にインターハイ出場。大学 4 年生の時に起業し、ファイナンシャルプランニング事業を行う。元イーサリアム CEO で、IOHK CEO チャールズ・ホスキンソンと Cardano プロジェクトを立ち上げた後、2017 年に株式会社 EMURGO（エマーゴ）設立。主な業務内容は、アクセラレーター事業・アドバイザリー事業・教育事業・システム開発事業。Cardano（カルダノ）の分散型ブロックチェーンエコシステムの導入促進と仮想通貨（暗号資産）ADA の普及の向上。

東京都港区赤坂1丁目7-１赤坂榎坂ビル１１F
https://jp.emurgo.ip/

大学時代に起業

子どもの頃はプロ野球選手を目指す野球少年で、高校へ進学する時には特待生のオファーをいただくほど熱中していました。高校の時からボクシングに転向しインターハイにも出場し、大学へボクシング推薦にて入学。しかし、入学後すぐにビジネスの方により興味を持つようになり、近い将来は経営者になると決意、若手経営者との人脈づくりに励む日々を過ごしていました。そして大学4年生を迎えた頃、自ら事業を起こしました。実際に起業をしてみて痛感したことは、自分がいかに経営の知識が不足しているのかということ。それを機に社会のイロハを学ぶため、知人の企業で働いたりもしました。結果的には、その時の経験が自分にとっても大きな学びに繋がり、現在の仕事の礎となっています。

仕事はやりながら覚えればいい

経営者として必死に働いて得られたことは、「分からなくてもやってみよう」という感覚。そのスタンスを貫くことで、自分の活路を見出していきました。その際に効率的に学ぶコツは、仕事を教えてくれる人をいかに見つけるかということ。起業した会社の事業内容はライフプランニングにフォーカスしたのですが、顧客対象であった富裕層の方々は老後の安定のため必死に資産形成をしている一方で、日本の多くの方々はお金に対する教育を受けておらず、年収も徐々に下がってきているのが現状です。そうした知識の差異にも日本人として大きな危機感を覚えていました。

そんな最中、仕事上であらゆる金融商品の情報収集をしていたのですが、当時は仮想通貨取引所マウントゴックスが破綻し、ビットコインがある意味有名になってきた時期でもありました。そして、ビットコインとその裏付けとなる技術であるブロックチェーンについて調べていくうちに興味を惹かれ、「これからの時代はこれだ!」と確信したのです。そうした経緯を経て、IOHK のチャールズと出会い、Cardano プロジェクトを立ち上げ、2017年に株式会社 EMURGO (エマーゴ) を創業しています。

Cardano プロジェクトとそのブロックチェーンについて

ブロックチェーンとは「分散型台帳」という意味で、分かりやすく言えば改ざんのできないデータベースを作る技術です。実用化されると、公文書の偽造やサプライチェーンにおける中間搾取の防止、商品の真贋証明、ブロックチェーン上で完結する身元証明とそれを利用した不動産契約などの実現が見えています。また当社は Cardano プロジェクトの一社ですが、Cardano は3社で運営されていて、コミュニティの運営やルール作りを担当する Cardano 財団、ブロックチェーンのテクノロジー開発を担っているアメリカの IOHK、そして、その上にブロックチェーンを活用したアプリケーションやサービスを作って商業化していくことで Cardano の実用化を推進するという使命を持った弊社 EMURGO の3社一体で事業を展開。共同でプロジェクトを進めるIOHKのCEOチャールズ・ホスキンソンは数学者であり、かつては時価総額世界第2位（2019年時点）の暗号通貨企業イーサリアムのCEOでもありました。

EMURGOの案件事例を紹介すると、日本ではメタップスと韓国3万店舗以上のコンビニやレストランで暗号資産ADAを使えるADAカードを共同で作ったり、東京理科大学と2018年秋と2019年春(予定)でブロックチェーンのオープンカレッジを開講したり、ハッカソンを開催しました。国際的にもSTO(セキュリティトークンオファリング)事業を行い、ネットイヤーグループCEO石黒不二代さんもアドバイザーで参加するデジタル投資銀行Y2Xと提携し、インドではブロックチェーンの教育普及のために「EMURGO Academy」を開始。グローバルの方がEMURGO／Cardanoの知名度は圧倒的に高いです。

効率的かつ合理的な働く環境づくり

オフィスは日本のほか、シンガポール、インド、インドネシアにも拠点を置き、社員の平均年齢は30歳前後。グローバルな企業なので、アメリカやヨーロッパの方と仕事をすることも多く、業務時間などは社員の裁量に任せています。また残業などは各事業部の判断でフレキシブルに対応し、フレックスタイムやリモートワークも柔軟に取り入れています。

その中で、個人のモットーでありEMURGOのValueは「価値ある個人となれ」。新卒の社員を採用し育てていくことも大切ですが、それよりもスキルの高い各分野のプロフェッショナルを積極的に採用し、さらにそのスキルを伸ばしてもらいたい。常に他の会社からも求められるような人材であれと社員には伝えています。また、成果をきちんと出してくれれば他に仕事を持っていてもＯＫです。そのため当社はとても自由な社風と雰囲気が定着しており、効率的かつ合理的に働く環境が整えられています。

ブロックチェーンは世界を変える！

弊社で働いている社員たちに言えることは、全員がCardanoを好きだということです。Cardanoのビジョンが「30億の難民やアフリカの人々に金融サービスを届ける」という壮大なもので、当社はそのビジョンに共感した集団と言えます。

アフリカなどの発展途上国では、未だに銀行口座を持っていない人が多いのが現状ですが、インターネット環境があり、スマートフォンが手に入れば、暗号通貨とブロックチェーンが活用できます。その結果、今まで銀行口座を持てなかった人々が口座を開設できるようになり、その口座の信用を元に不動産を所有したり、保険に入ったりもできるようになります。こうした生活の根幹を担う部分で、途上国の発展に貢献できるのではないかというのがCardanoの考え。それを実現するために、世界トップレベルの技術者たちが暗号学会と連携の元、開発を進めています。わかりやすくお伝えすると、Cardanoブロックチェーンの上に街が創られていき、生活がその中である程度完結できるようになるイメージです。そして他のブロックチェーンプロジェクトを淘汰するのではなく、互いに連携し、刺激し合いながら、まだ想像もできないような未来を描いていきます。仮に想定外の事態が起こり、我々のプロジェクトが無くなったとしても、我々の開発したブロックチェーンや付随する技術は、論文やソースコードの形で暗号学会やインターネット上に残り、誰かに引き継がれていくでしょう。まさに我々のブロックチェーンは、世界を変えるポテンシャルを秘めた技術なのです。

インターネットの出現で世界は変わりました。ブロックチェーンがインターネットのように重要な社会インフラになるという確信のもと、これからも「すべての人が便利で公平につながる世界を創る」ことを目指していきます。そのためにも我々が先陣となって世界を変え、人々の生活を変えるという信念を持って日々ブロックチェーンの利用促進を行っていきたい。そしてゆくゆくは、ブロックチェーン業界で言う、Google や Amazon のように万人が認める、多くの人材がここで働きたいと思えるようなブロックチェーン総合企業になりたいと考えています。

今後は、そのための研究開発から得た専門知識や業界パートナーとのグローバルネットワークを活かしていきながら、さらに事業を発展させていきたいですね。

国会議員からの一言

ブロックチェーン総合企業へ向けて躍進し、同業界で右肩上がりの成長を続けるEMURGO。同社が実現している働き方は実にフレキシブルで、合理的だ。個人の価値向上のためには、同社の姿勢や理念から学ぶべきだろう。

株式会社 EMURGO
東京都港区赤坂1丁目7-1赤坂榎坂ビル11F　https://jp.emurgo.ip/

07

broadbean 株式会社

代表取締役 / 荘司 新吾

語り継がれる表現者として

1966 年生まれ。東京都出身。1991 年、成蹊大学経済学部卒業。1995 年、東京理科大学建築学科卒業。建築家としてデビューを果たした後、2003 年に建築デザイン・施工を手掛ける株式会社 broadbean を設立。2015 年には自らが手がけるインテリアブランドを立ち上げ、broadbean 株式会社を設立。六本木ショールームはインスタレーションとしても世界的な注目を集め、著名人からの依頼も多数。

東京都港区六本木 6-5-24
http://broadbean.jp/

デザインに魂を宿すための、自分らしさ

現代社会では、便利さがビジネスのキーワードになっているように思います。これまでの通例に捉われず、便利であるならば仮に既存のシステムを壊すことさえ厭わない。それが良いものだとされる世の中とも言えるでしょう。

しかし、これはあくまでも私の見解ですが、これまで携わってきた建築やインテリアの世界では、何よりも歴史を継承し、事業や作品そのものを継続していくことの大切さを忘れてはいけません。例えば一点物の家具は、ただ生産すれば良いのではなく、長きに渡って求められるような作品づくりを続け、歴史を積み重ね、長い時間をかけても風化されないようなブランドを構築するべきです。そのためにはデザイン性を追求するだけでなく、頑丈で壊れないものづくりや検証を繰り返すことで、こだわりを持ち続けなければいけません。それが真に語り継がれていくブランドになるための絶対条件だと考えているのです。こうした私の考えは現代の働き方や時代の流れに逆らうものなのかもしれません。しかし、それが表現者としてのオリジナリティであり、私なりの色。これまでの仕事人生では、そうした時代に逆行した働き方や表現を貫いてきました。

そのアイデンティティと、自身の造詣

東京理科大学建築学科に在籍していた当時は、とにかく自分の感性を信じて作品づくりに没頭しました。まだ自分の

色を見出すまでには至っていなかったと思いますが、とにかく建築やアートに浸ることが楽しく、その世界に完全に魅了されていたんです。

私の母もアートや建築などへの造詣が深かかったですし、少なからずそのＤＮＡを受け継いでいたのかもしれません。父は厳格な人間で母とは真逆なタイプの性格でしたが、同じ建築業界に生きる経営者で、猪突猛進に何事も貫く部分においては、父のアイデンティティを受け継いでいます。

大学卒業後には単身でイギリスの建築事務所を回ったり、パリの全区もタクシーで何度も行き来しました。自分の足でヨーロッパ各地に出向いたのです。それだけ建築の世界に魅了されていて、建築そのものが大好きだった。優美な建築を間近で見るたびに、心が躍ったことをよく覚えています。

しかし今の若い方々は、パソコンの中から情報を簡単に取り入れては、見た気になっている方も多いような気がしています。ですが、例えば写真を見たり本を読むことと同じで、実際は本を読んでも本質を掴むことは出来ず、見て触れてみなければわからないことも世の中には沢山あるでしょう。

とくにデザイナーやアーティストといった、あらゆる業界で表現をする立場なのであれば、そうした自分の体験の有無がものを言うはずです。誰でも共有できる情報から導き出した作品やデザインよりも、自分の手や足で探し出したデザインの方が優れていると私は信じているのです。

これまでの歴史上で、永く人の心に残る作品を残してきた著名なアーティストの方々の作品を見ていても、そうした実体験から成る作品の素晴らしさを痛切に感じることができます。

だからこそ、たとえそれが世の中の流れに逆らうものであっても、私自身はそういう作品作りを続けていきたい。そう思っています。

世の中に求められる、建築とインテリアの狭間で

2003年にbroadbeanを立ち上げた時も、ある一点のテーブルが創業のきっかけになりました。そして、大手ギャラリーからも施工の依頼が数多く舞い込むようになりました。今では17件に及ぶ著名なアートギャラリーを手掛けるまでになり、アートの世界で磨いてきた感性が建築やインテリアの分野で広く活かされています。

2015年には、broadbeanを冠にしたインテリアブランドを設立。日本国内のインテリア業界は世界的に見てもセンスは良いのですが、まだまだ未開拓の部分が多いのが現状ですから、そこにアートや建築で培ったオリジナリティを付加できればと思っています。

世の中にあるビジネスの多くは、できる限り多くの人のニーズに応えようとするでしょう。実際に成功しているビジネスのほとんどが、人口の99・9%をターゲットにしたようなサービスやモノで溢れています。しかし私は、作品づくりや表現において、そのターゲットは0・1%に満たないもので良いと考えています。なぜなら質の高いインテリアや建築、アー

トにしても、ビジネスにならないところから生まれるものだと思うからです。

ブランド設立と同時期には、六本木 complex665 ビル内にショールームをオープン。現在は世界各地から多くの反応をいただき、著名人や有名企業からも「荘司さんが手掛けるデザインは面白いね」と評価していただくまでになりました。こうした反響は、一表現者としても有り難いことです。

broadbean の家具はまさに一点物の家具であり、決して日本国内だけのニーズに応えるものではありません。世界基準の視点を取り入れ、どんなカテゴリーにも属さないインテリアです。六本木のショールームはそうした作品づくりを続けていくための、ある種の研究所。普遍的な美しさを探求した家具を展開するミニマルで洗練されたインスタレーションは、ただ空間に家具を配置したものではなく、細かなディテールに上質な家具を落とし込むことで、その集合体として気持ちの良い空間を創ることを意識しています。今後も国内外問わず、空港ラウンジやホテル、様々な商業施設でも broadbean の家具の真価を堪能できる場をつくっていければと思っています。

働く上で必要なのは、過信ではなく感謝

これまで私は、一度たりとも自分が成功したとは思っていません。自分がやりたいことを貫き、自分のやりたい道へ進んできただけです。とはいえ、何も成功は成し遂げていないものの、感謝の気持ちは誰もが持ち続けるべきものだと思って

います。何をしたから、何ができたからではなく、今こうして仕事人生を送れていること自体、色々な人の支えになっている証。成功という過信は必要ないと思っていますが、感謝の気持ちは働くすべての人が持ち続けなくてはいけないことだと思っています。

例えば建築業界やインテリア業界では、一つの流行を追うこともよくあることですが、そうした流行に捉われず、自分の暮らしの中に真に情熱を傾けられるものがあることが大事だと思っています。特に絵画などは世界に一点物。私が所有する100点近くのアートも、その一つひとつが世界に一点の貴重な品々。これからの世に語り継いでいきたいと私が思うものでもあります。私も表現者として、建築やインテリアの作者として、そうした語り継いでいきたいと思っていただけるような、家具や建築づくりを続けていければと思っています。

国会議員からの一言

ある種、枠に収まることのないモノづくり精神を持つインテリアブランドが、この日本に存在することに大きな誇りを感じました。業界を凌駕し、あらゆる商業施設でbroadbeanの家具に出会えることを楽しみにしています。

broadbean
東京都港区六本木 6-5-24　http://broadbean.jp/

株式会社 LIFULL

執行役員人事本部長 / **羽田 幸広**

企業文化が、強さになる

1976年生まれ。上智大学卒業後、人材関連企業を経て2005年にネクスト（現LIFULL）入社。人事責任者として人事部を立ち上げ、企業文化、採用、人材育成、人事制度の基礎づくりに尽力。2008年からは社員有志を集めた「日本一働きたい会社プロジェクト」を推進。2017年には「ベストモチベーションカンパニーアワード」1位の獲得に導いた。

東京都千代田区麹町 1-4-4
https://lifull.com/

ゼロからの人事部の立ち上げ

私が LIFULL の前身である株式会社ネクストに人事として入社したのは2005年。29歳の頃でした。代表の井上の魅力と会社の理念、ベンチャー企業の可能性に惹かれて入社をしたものの、それまで行っていたのは人材関連企業での営業と営業企画の仕事。人事の仕事は全くの未経験でした。私の面接を行ってくれた人事の方は、入社する頃にはすでに退職していました。「人事って一体何をするんだろう?」というゼロの状態から、私の人事としての仕事人生は幕を明けることになります。

まずは自分のやるべきことを見つけるため、私は無我夢中で行動しました。他社の人事の方やコンサルタントの方に頼み込んで話を聞きに行き、人材サービス企業の人たちが飛び込み営業にくれば全員を捕まえて組織や人事に関して根掘り葉掘り聞いていました。入社して数年間はずっと3時間睡眠で、入浴中と就寝中以外はずっと本を読んでいました。そうしていくうちに、「今の会社に必要なのは採用だ」と考えました。当時のネクストはベンチャー企業として多少は名が知られていたものの、「採用が強い」と言われる会社と比較すると採用力に差がありました。そんななかで、どうやったら優秀な人材に来てもらえるのかということを必死で考えました。

そして初めに取り組んだのがアドバイザー制度の導入。これは採用担当者が学生のアドバイザーとして学生の就職や将来について相談に乗り、当社に合いそうな学生には、今度はリクルーターとして当社の魅力を伝えていくというものです。学生一人ひとりにじっくりと向き合い、当社の魅力を伝えることで他社との間に生じる知名度の差を埋め、同時に社是である「利他主義」を採用活動においても体現し、進路に悩む学生の役に立ちたいと考えました。

ビジョンとカルチャーにフィットする人材の採用へ

採用人数が増えていくにつれて、それまでには起こらなかったような問題も出始めるようになりました。

当グループは今でこそ1300名以上の社員が在籍していますが、2005年当時は正社員が80名程度。事業の成長スピードに対して人が足りず、年間100名以上の中途採用を行っていました。組織の半分が「新入社員」という状態になりました。採用人数が増えれば採用のやり方も従来のままでは通用しません。当時、中途採用の最終面接は全て社長が行っていましたが、あるタイミングから現場の事業責任者に権限を委ねるようになりました。すると、すぐにでも人手が欲しい一部の事業責任者は即戦力になる人材から採用するようになり、会社の価値観には合わないような社員が入ってくるようになっていったのです。

当社には「利他主義」、「一点の曇りもなく行動する」といった独特のカルチャーが根付いていることもあり、他社で働いてきた人からすれば一見合理的でないと感じる部分もあるかもしれません。しかし、ビジョンとして掲げる経営理念を実現するために必要なカルチャーをつくり上げていますので、ビジョンやカルチャーに共感した人を採用しなければ思い描く未来は実現できない。新卒採用においてはすでに採用基準を見直していましたが、中途採用については対応が後手に回っていました。そこで、中途採用の方針も、「徹底的に経営理念と企業文化に共感した人材だけを採用する」と変えていきました。どんなにスキルが高い人材でも会社のビジョンやカルチャーに合わなければ採用しない「妥協のない最高の採用」という価値観を採用チームの共通言語として再始動しました。

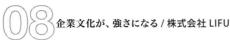

「日本一働きたい会社プロジェクト」始動

2008年。東証マザーズから東証一部への昇格を目指そうとしていたころ、経営理念に沿って、基幹事業である「LIFULL HOME'S」等の住まい関連事業以外の事業領域への展開や海外展開も積極的にチャレンジしていこうという話が持ち上がるようになりました。そのためには、社員が自由に挑戦していけるような企業文化を作り、働き続けたいと思われるような会社にしていく必要があります。また、社外のビジネスパーソンからもこの会社で働いてみたいと思われる会社にしていきたい。それを実現するために立ち上がったのが「日本一働きたい会社プロジェクト」。プロジェクトメンバーは役員と人事だけでなく、公募と推薦で社員からも募集しました。当時320人程度の社員が在籍するなか、結果的に80人もの社員がプロジェクトに参加してくれたのです。

プロジェクトの内容としては、「日本一の人材育成」「日本一の採用戦略」「日本一の人事制度」というようなワーキンググループを作ることからスタートし、そのなかから「日本一の会社」になることを軸にいくつかテーマを絞って意見を交わしていきました。このような取り組みは初めてでしたが、「日本一働きたい会社プロジェクト」からは予想以上にユニークなアイデアが生まれました。役員や人事が練りに練った施策を考えるよりも、社員を巻き込むことがいかに重要かと気づかされたものです。

当社の社名である「LIFULL」には、「あらゆるLIFEを、FULLに。」したいという想いを込めており、世界75億人の人々の人生や暮らしを幸せで満たす事業をやっていくというのが会社のビジョンです。そのためには、社員が生まれてから今までに感じた様々な「不安」や「不便」といった「不」を解消するような事業や、人生や暮らしをさらに豊かにしていくような事業を提案してもらうことで、経営陣も考えなかったようなビジネスが生まれる。私はそう信じていますし、実際に社員から新たなアイデアがたくさん生まれ、実行されています。

世の中に「良い組織」を増やしたい

現代は、変化の激しい時代と言われています。企業が生き残っていくためには、トップが一人で考えて、一人で判断する経営スタイルが通用しなくなるのは目に見えています。そんななかでは、社長が「主」ではなく、ビジョンを「主」として働く。もっといえば「上司とわたし」ではなく「ビジョンとわたし」という、感覚的にはすべてのメンバーがビジョンの元で横並びの状態で仕事を行うことが大切だと感じます。社員一人ひとりがビジョンを実現するための方法を常に考えながら仕事と向き合える自律した組織が求められるのではないでしょうか。

2017年、当社はリンクアンドモチベーション社が主催する、従業員のモチベーションが高い企業が選出される「ベストモチベーションカンパニーアワード」で1位を獲得しました。そして現在、日本を超えて「世界最高のチーム」を目指して組織変革を行っている最中です。その結果、事業面でも現在は世界63カ国にサービス展開していますが、世界中の人から愛されるサービスを作っていきたいです。

そして私個人としても、世の中に「良い組織」を増やしていきたい。ほとんどの人が何らかの組織に属していると思いますが、組織に入ったときは幸せでも、時とともにやる気がなくなってしまったという人は少なくないはずです。「そこに所属しているうちにさらにモチベーションがあがった」と思えるような組織作りに貢献していきたいですね。

社員は「家族」や「仲間」など様々なものに例えることがありますが、私たちの場合は「あらゆるLIFEを、FULLに。」するというビジョンのもとに集まった「同志」と呼んでいます。これからもそんな同志たちとともに、人々の人生や暮らしを豊かにする事業を生み出し続けます。

国会議員からの一言

会社の成長には社員の能力を最大限に引き出す仕組みと環境が必要だが、一本大切なカルチャーを通すところが重要。その本質を理解されている人事責任者が要として支えている点からも、同社の未来は可能性に満ちている。

株式会社 LIFULL
東京都千代田区麹町 1-4-4　https://lifull.com/

株式会社流機エンジニアリング

代表取締役社長 / **西村 司**

「生きる」を全力で楽しめ

1973年生まれ。鹿児島県出身。高校卒業後、運送業を行う傍ら音楽活動に熱中する。1997年に株式会社流機エンジニアリング入社。同社の統括部長を経て、2014年に代表取締役社長に就任する。

東京都港区三田3-4-2 いちご聖坂ビル
http://www.ryuki.com/

自由奔放な生活を送った20代

私は昔から好奇心旺盛で、自由に生きてきた人間でした。地元の高校卒業後は美術大に進学希望でしたが、志望校の願書を出し忘れてしまい急遽手当たり次第に受けまくったものの身に入らず、結局進学を諦めることに。いま考えても浅はかで、親には申し訳ないと思いながらも、早く自由になりたい一心ですぐさま実家を飛び出しました。

現在、私が代表を務める流機エンジニアリングは、父が立ち上げた会社。父は仕事人間で、私が幼い頃はほとんど家にいなかったことや考え方の相違から、関係は悪かったと思います。その後、一人暮らしを始めてからは、水を得た魚のように遊びまわりました。昼間は運送業、夜はＤＪと、自由を謳歌していたのを覚えています。

実家を出てから４年の月日が流れ、家族とはほとんど顔も合わせない状態だったある日、母親との雑談で「父が可愛がっていた若手や頼りにしていた社員が辞めて落ち込んでいる」と耳にしました。「顔馴染みのあの人が」とショックを抱くと同時に、「自分に何ができるだろうか」という使命感のようなものが自然に湧いていました。とはいえ、わざわざ自分から働きかけるつもりもなく、数カ月が過ぎていったのです。

そんなある日、父から電話が入ります。内容自体は事務的なものでしたが、話好きの父は会社が手がけていたプロジェクトについて熱を込めて話し始めました。それまでの私であれば、すぐに電話を切っていたでしょう。けれどいつの間にか父の話に聞き入っていたのです。

結局、「一度見学に来てみないか?」という父の一言から、私は会社に入社することになりました。

売上200万円のスタートからトップ営業マンに

それまで運送会社で配達をしていた私にとって、オフィスでの仕事は未知の世界。コピー機やFAXの使い方すら分からず、途方に暮れました。当時の会社は「人を育てる」という文化も根付いておらず、面倒を見てくれる人も皆無。一方で、私にとっては意義が感じられないような仕事に対しては厳しく管理されるようなこともあり、辛い日々が続きました。

そんなとき、後に当社のメイン商材となる「トンネル工事用の大型集塵機」を全国的にPRしようという話が持ち上がります。その商材とは、トンネル掘削の際の粉じんや重機から排出される黒煙を除去する機械。毎年1000人もの現場作業員が発症していた「塵肺」から身を守る画期的なものでした。

当時の私は営業としても全く成果が上がらず、1年の売上は200万円ほど。自分の年収すら賄えないような成績で「会社にいるだけ損」だと、先輩社員からずっと叩かれていました。

そこで私に任された営業先は、それまで一切取引がなかった四国エリア。先輩からは「行っても良い話にはつながらないと思うよ」と言われていました。ところが実際に現地を訪れてみると、商材に興味をもってくれたり私に好意を抱いてくれたりするお客さまが予想以上にいたのです。私は嬉しくなって営業に飛び回りました。

いつしか1現場3千万円といった大型契約も決まるようになり、気づいた頃には誰よりも大きな売上を上げるようになっていました。担当エリアも東北から九州と続々と広がり、ついに海外との契約まで決まったのです。

「理念経営」を目指し組織改革へ

さらに新規市場を切り拓き、ご指名客も増え、入社して4年後には一人で年間4億円を売り上げるようになりました。徐々に後輩もできるようになり、「売上げの秘訣を教えてほしい」といったことを尋ねられる機会も増えてきました。そこで私は自分の行動の分析を始めます。「お客様のセグメント方法」から「営業の移動中の過ごし方」といった細かいところまで全てデータとして可視化し、社内で共有したのです。

それまでの私は、自分の営業スタイルに干渉されたくなかったですし、他人の仕事にも興味がなかった。けれど後輩が入ってきたことをきっかけに、組織のあり方や理想的な人材育成について考えることが多くなり、成功企業の事例や本を片っ端から読み漁りました。

そのなかで最も共感したのが、会社が目指す方向性を明らかにし、組織全体でその実現を追究するという「理念経営」というもの。会社というのはそもそも赤の他人同士が集まっている組織です。何か一つでも共有できる価値観がなければ、上手く機能するわけがないということに気づいたのです。

それからは組織の目標を決め、達成のための日報・会議の制度といった仕組み作りを行いました。順調に成長していく会社とともに自身の役職も上がっていき、2014年に代表取締役に就任します。

ライフのなかにワークがある。そんな生き方をしたい

私が目指すのは、特定のリーダーがいなくても自走できる組織です。もちろん会社としては「目指すべき方向」といった道しるべを示し、そこに辿り着くための仕組みは作ります。その上で従業員には自主性をもって仕事に向き合ってほしい。「この人がいないと困る。だけどこの人がいなくても回る」。そういった強い会社の実現を夢見ています。

実際に、プロジェクト（以下、PJ）の仕掛け人は私でも、「これは自分がやるべきこと」と感じ、先陣を切って動いてくれる人たちがたくさんいるのです。会社の将来や新事業・新商品を産みだしていくPJ、355のスキルマップを評価と連動して社員教育をしていくPJ、年に2回の社員旅行や毎月の行事を進行するPJ、社員が安心・安全で働ける環境を築くPJなど、100人超の会社で実に20もの横断組織が存在しており、みんなイキイキと働いてくれています。

そして皆さんに言いたいのは、「仕事ばかりが能じゃない」ということ。会社にとって仕事に熱中してくれる人は宝です。けれど病気や怪我で仕事をリタイアしなければいけない状況になったとき、「この先の人生には何もない」と思ってほしくない。だからこそ元気なうちに、仕事以外に夢中になれるものを見つけてほしいと思っています。

一方で、仕事が生きるための「手段」となってしまうのは不幸なことです。起きている時間の大半を費やして、嫌な仕事をするのは非常にもったいない。

それを一言で表すと、世の中では「ライフワークバランス」と言うのかもしれませんが、個人的には「ワーク」は自分の「ライフ」の一部でしかないと思っています。それぞれを区別せずに楽しむことで、人生は豊かになるものではないでしょうか。

会社としては「お客様の期待を実現しエンジニアリングメーカーとして感動を創造する」という理念を軸に、無数に存在する環境問題の解決に取り組んでいきたい。私たちの会社が必要なくなるような世界が来る日を願いながら、その日までは全力で活動を進めていきます。

国会議員からの一言

自身の成功体験を他者に伝授する難しさもあると思いますが、西村氏独自の行動分析力や、それを人材育成へと繋げる手腕、理念経営という方向性の共有は、多くの企業や経営者が参考にすべきです。

株式会社流機エンジニアリング

東京都港区三田 3-4-2 いちご聖坂ビル　http://www.ryuki.com/

10

株式会社 猿

代表取締役社長 / 山本 尚宏

「ワクワク」を創る

東京大学中退後、約3年間のフリーター生活を経て法律事務所に勤務。その後 IT 企業等の勤務を経験し、2012 年より参議院議員・弁護士である丸山和也氏の秘書を務める。2013 年、株式会社猿を設立し、代表取締役社長に就任。その他にも、結婚情報サイト「HOW TO MARRY」を運営する株式会社ハウツー、不動産投資の情報サイト「不動産投資の教科書」を運営する株式会社不動産投資の教科書も経営。

東京都港区北青山 1-3-6 SI ビル青山 5F
https://saru.co.jp/

「マーケティング×組織構築」で結果を出す

株式会社猿は、デジタルマーケティング、インターネット広告を手掛ける会社です。多様な業種のクライアントに対し、ランディングページ制作やコンテンツマーケティング、SEOコンサルティングなどのサービスを提供しています。

そして当社には、数あるマーケティング企業の中でも、独自のコンセプトを持った事業があります。それは「マーケティング×組織構築」。マーケティングによる集客だけではなく、「受注率」をアップする組織作りまでをサポートするサービスです。

一般にWEBマーケティングの目的は、問合せ数を増やし、問い合わせ一件当たりの単価を下げること。しかし、集客をすれば売上になるビジネスモデルもあれば、実際に受注するまでのプロセスこそが重要なビジネスモデルもあります。クライアントの話を詳細に聞くと、問い合わせが増えても受注率で伸び悩んでいるケースが多いのですが、ほとんどのマーケティング会社では、そこまでカバーしてくれません。

そこで当社では、マーケティングで集客を実現し、さらにクライアント先に常駐して問い合わせの電話を受けたり、担当者のマニュアルを作ったり、人事のアドバイスを行ったりするなど、会社の実情に合わせた適切な組織構築で、受注率アップを目指します。

つまり猿は、クライアントの本当の利益に貢献することを目指す会社。クライアントが真に求めることは何なのかを徹底的に考え、プラスαの価値を提供し、期待を超える意識を常に持って仕事をしています。

メディアの最高峰「テレビ」を再興する

そして2019年3月にスタートし、当社の新しい事業の柱として注力しているのが「TVログ（テビログ）」です。いわば「食べログ」のテレビ版で、地上波やBS、CS、海外TV局・動画配信サービスなどを横断し、テレビ番組を星5つでレビューするエンタメメディア。視聴者の感想、ランキング等、タイムリーに評価を知ることができます。

世間では「若者のテレビ離れ」と言われていて、実際テレビを持っていない人も増えています。しかし、テレビが廃れてしまったかというとそうではありません。ネットでテレビ番組を見ている人を含めると、国内で1億人が視聴するメディアの最高峰であり続けています。LINEの利用者が7千万人で、ツイッターは5千万人、ダントツと言ってよいユーザー数なのです。

しかし、問題はテレビ番組の評価軸が「視聴率」しかないこと。若い人は、録画やネットを利用してリアルタイムでテレビを観ない方が多く、視聴率に反映されません。制作者は、視聴率を取るため高齢者向けに番組を作ることになり、旅番組や健康番組ばかりになってしまう。多様性が失われれば、確実に番組の質が低下します。巨大メディアであるテレビに元気がなくなれば、経済にとっても障害となるでしょう。

「TVログ」は、視聴率を否定するものではありません。レストランには「ミシュラン」という権威ある評価軸があり、また「食べログ」という手軽で一般に定着した評価軸もあります。テレビ業界にしがらみのないベンチャーである当社だからこそ、歴史と権威ある視聴率とは別の評価軸を作ることができる。「TVを見たいときはTVログ！」といわれるような、1億人が使う国民的サービスを目指したいと考えています。

ワクワクを伝播し日本を活性化

猿は、「ワクワクを引き出すアイデアを駆使して日本をもっと輝かせる」という理念を掲げています。

人間にとって「幸せ」とは何か、というのは非常に難しいテーマですが、一つの考え方として、心がワクワクしている時は間違いなく幸せだと思うのです。そして、自分がワクワクしながら生活していると、家族や友人、仲間にワクワクは伝わる。仕事では、お客さまにワクワクが伝わる。ワクワクを伝播させることによって、幸せが広がっていくと考えています。これを経済の観点からいうと、人々がワクワクするからこそ需要が生まれ、消費し、付加価値が生まれる。GDPも上がっていくことに繋がるかもしれません。

猿は、そうしたワクワクを生み出すことで社会に貢献する会社です。先ほど挙げた2本の事業の柱の目指すところも、人の心をワクワクさせること。「マーケティング ×組織構築」事業は、集客だけでなく売上・利益に貢献し、期待を超えることでクライアントをワクワクさせ、さらにクライアント企業の商品の魅力を伝え「お客さまのお客さま」もワクワクさせる。そして「TVログ」は、1億人が視聴する巨大メディアで、テレビの本当の魅力を発信していくことで、1億人をワクワクさせ、日本をもっと活性化する事業なのです。

ビジョンを共有、成長を促す職場に

職場も、働く人のワクワクを呼び覚ますものでなくてはなりません。会社と個人のビジョンを共有し、ともに成長していくことができる職場を目指しています。

仕事でワクワクするためには、自分の成長が感じられ、将来の自分に期待できることが重要。成長意欲のある方にとって魅力のある職場にするため、若くても実力がある人には大きな仕事を任せるようにしています。27歳で部長に昇進した社員もいるなどモデルケースになる人もたくさんいます。

また、特に重視するのは女性の働き方です。TVログのレビュー、ランキングは現在、試験的に「ドラマ」からスタートしているのですが、ドラマの視聴者は男性より女性が多く、女性に評価されるメディアであることが事業の成否を分けるといっても過言ではありません。結婚や出産、育児をしながらでも、仕事で成長したいと思う女性が働きやすい環境にするため、出勤日数や時間などを柔軟に調整できるよう工夫し、子どもが小学生以上でも時短勤務ができるなど、現在進行形で制度を構築しています。

そのほか社内制度として「オフィスごはん無料」や「家族旅行手当」、一日2時間まで外出先で仕事ができ、お茶代も出る「ノマド」制度など、遊び心も取り入れながら導入しています。またオフィスに卓球台がありますので、卓球はやり放題の環境です（笑）。よりワクワクできる職場を目指して、今後も発展させていきたいと思っています。

昨今の「働き方改革」の議論で気になるのが、本来の目的である「生産性を上げて経済を活性化させる」という根本が意外と共有されていないこと。残業で私生活が犠牲になるような職場は、いずれにしろだめになる。しかし残業を減らして仕事の質が上がるか否かは別問題です。生産性の高い仕事を創出することが大前提で、それができれば自然と残業は減らせます。

国の施策はどうあれ、個々の会社レベルでは、売上・利益を生み出し、社員の成長を促し、生産性を高めていくしかなく、経営者の仕事はそのような良いビジネスモデルを作ること。そしてそれは「ワクワクを創る」ということと同義であるというのが、今の私の考えなのです。

国会議員からの一言

同社は、日本の未来に光を差し、社会全体を活性化させるだけの可能性を秘めた企業であることに、疑いの余地はない。デジタルマーケティングやインターネット広告の分野で、さらなるワクワクの創出を期待したいところだ。

株式会社 猿

東京都港区北青山 1-3-6 SI ビル青山 5F https://saru.co.jp/

11

パーソルキャリア株式会社

転職メディア事業部　事業部長　doda 編集長 / **大浦 征也**

キャリアをカラフルに

2002 年、株式会社インテリジェンス（現パーソルキャリア）に入社し、人材紹介事業に従事。キャリアアドバイザーとして、のべ一万人を超える転職希望者のキャリアカウンセリング、転職活動サポートに携わる。その後メディア事業に転じ、転職メディア事業部長、doda 編集長を兼務。

東京都千代田区丸の内 2-4-1 丸の内ビルディング 27F
https://www.persol-career.co.jp/

転職支援とメディアの「軸」

私は当社の転職支援事業のキャリアアドバイザーの総責任者を務めたのち、現在は転職メディア事業の事業部長と転職サービス「doda」の編集長を務めています。立場上、「働き方」について発言することも多いのですが、私の働き方に関する考え方には自分自身の経験が強く影響していると思います。

私は現在の事業に転じるまでメディアの編集業務やマーケティングの経験はなく、入社当初はキャリアアドバイザーの仕事を行っていました。

その頃意識していたのは、同社創業メンバーで尖ったベンチャーを立ち上げ、輝かしく活躍していた方々。自分もまず営業で結果を残し、事業を作り、ひいては社会に価値ある仕事を手がけたいと思うようになったのも、彼らの活躍が自分を後押ししていたからだと思います。しかし、その思いはありながらもキャリアアドバイザーとして企業の採用に向き合い、転職希望者の相談を受ける仕事に邁進していく日々を送っていたのです。つまり、過去のキャリアも、現在のミッションも、ある意味、偶発的な出来事により形成されてきたものです。

その後は、数千人の転職・採用の実情を見て、現場の知識を積み重ねていきました。すると次第に知識やスキルが蓄積し、「雇用・採用」についての考えを発信したいという気持ちも生じます。そして現在は、事業部長とdoda編集長の仕事を軸にしながら、スポーツビジネス事業など、新たな分野で想いを形にしています。

引き出しを持ち、掛け合わせる

私が憧れた新興ベンチャーの方々がメディアなどで語る「ビジョン」は、能動的な「やりたいこと（will）」を実行しています。一方、私はwill と共に、受動的な「やらなくてはならないこと（must）」を愚直に続けるうち、偶発的にキャリア形成されてきたといえます。

will を仕事にできれば素敵だけれど、ほとんどの方はそううまくはいきません。そもそも、自分のwill がはっきり分かる人も少ない。

must の仕事を続けるうち、人よりうまくでき、苦もなく続けられ、能動でも受動でもない、自然体で自分らしく働ける領域が生まれてくることも多いのではないでしょうか。

ましてや現代は、変化の激しい時代。数多くのスキルのうち、どのようなスキルが業種・職種にとらわれず汎用的に活用できる「ポータブルスキル」になるかは予測不可能です。そのような時代に役立つのは、まず複数のスキルの「引き出し」をもち、後にそれを掛け合わせて新たなものを作ることなのだと思っています。

教育家の藤原和博さんは、似た考えを「キャリアの大三角形」という言葉で表しています。過去に経験した異なる二つの仕事、スキルの点を線で結ぶ。そして、新たなミッションでもう一つの点を打ち、三角形を作る。その面積が広ければ広いほど、希少性が高く、価値の高いキャリアとなるというものです。最初の2つの点は、離れているほど面積が広がります。

たとえば「広報」と「マーケティング」は比較的近い概念ですが「エンジニア」と「営業」は距離があり、より面積が広がることになります。

これに私なりにもう一つ要素を付け加えるとすると、「やりたくないこと」は今の仕事の点と離れた仕事の点になる可能性が極めて高い。あまりやりたくないけど、やらなくてはならないことが目の前に現れたら、それはチャンスなのです。たとえば、「マネジメントをやりたくない」と思ったとしても、あえてトライすることで大きく可能性が広がるかもしれません。

変化の時代に適合した人材育成とは？

現代では、個人が歩むキャリアプランは多様化しています。また、そのキャリアプランも計画通りにならないことがほとんどだと思います。そのため、企業における人材育成では、同じメソッドで大量の人材を育てることが困難になっています。一つのマニュアルで育成された人が一人前になった時には、そのノウハウが使えなくなるということも珍しくありません。「山の登り方」が色々あることを前提に、可変的なメソッドを作る必要があるのです。

とはいえ、実際の教育、育成には、マニュアル化が必要なことも多いのが実情です。ですから、会社としてあるべき人材像を定義し、それに必要な普遍的な能力を開発、推進するスキームを作ることはとても重要なことです。

当社で実施した制度をいくつか紹介すると、まず「社内ダブルジョブ」という制度があります。これは希望者が数か月間、自分の所属する部署と異なる部署の仕事にも携わるという制度です。別の業務に取り組むことで、スキルアップと能力開発を促し、受け入れ先の部署の活性化にもつながります。

また、もう一つ紹介したいのが、北海道の美瑛町で行った異業種人材育成研修。ここでは異業種の他社社員と、会社の枠を越えてチームを組み、半年間をかけて町が抱える課題を抽出、課題解決のための方策を練り、町長にプレゼンテーションを行うというものです。多様な人材とのチームワークで課題に取り組むことにより、社内の業務では得られない気付きを得る狙いがあります。

これらの研修には、会社で用意した方法論も答えもありません。企業の人事に翻弄されるのではなく、社員個人がキャリアオーナーシップを持てるような教育研修が、組織の発展のために必要だと考えているのです。

「転職支援」から「働く生涯プラットフォーム」へ

当社の転職支援事業においては、これからますますマッチングが難しくなることが予想されます。たとえば今、企業が「データサイエンティスト」を求めても、転職希望者の中からぴったりの人材を探すのは難しい。よって、ほかの仕事や他業界の専門研究をしている人なども視野に入れ、自社の「データサイエンティスト」として今後活躍できるよう支援していくことが求められます。

また、今でこそ転職は身近なものになりましたが、日本の労働人口のうち年間の転職者数は5%くらい、常用雇用に限定すると1%程度に過ぎません。転職支援という、いわば「非日常」の場だけではなく、業務委託やパラレルワーク等を視野に入れ、個人がオーナーシップを持ってキャリアを日常的に豊かでカラフルにする、いわば「働く生涯プラットフォーム」というべき事業に進化させる必要があると思っています。

世の中は急激に変わるものではありません。しかし、重い鉄球を転がす際には、最初の一押しに一番力が要り、いったん転がり出せば加速していきます。今まで新卒採用しか行っていなかった企業が中途採用を始めたり、副業を解禁したり、安定志向の方が転職したりといった興味深い動きも起こっており、確実に変化の兆しを感じます。今日、国をあげて「はたらく」こと全般が議論の俎上に載っていることは喜ばしいことであり、その議論が現場に即した実のあるものとなることを願っていますし、そのために私たちにできることは何かを考えていきたい。それが我々の役目でもあると思っているのです。

国会議員からの一言

俯瞰的に人材業界を観測してきたパーソルキャリアには多くの知見がある。多様な働き方が進む時に、労働者への負荷が少ない転職環境（人材流動化のインフラ）が整備されるべきだが、同社にはその役割を大いに期待したい。

パーソルキャリア株式会社

東京都千代田区丸の内 2-4-1 丸の内ビルディング 27F　https://www.persol-career.co.jp/

12

株式会社アリスタゴラ・アドバイザーズ

代表取締役会長 / 篠田 丈

世界と勝負できる人に

1961 年生まれ。石川県出身。慶應義塾大学を卒業後、小松製作所に入社。日興証券ニューヨーク現地法人、ドレスナー証券、ING 証券で要役を歴任。BNP パリバ証券を経て、2011 年に株式会社アリスタゴラアドバイザーズを設立。代表取締役に就任する。

東京都港区愛宕 2-5-1 愛宕グリーンヒルズ MORI タワー 35 階
http://aristagora.com/

人生を変えたサンフランシスコへの旅

あれは、大学2年生の頃でした。作りたてのパスポートを握りしめて、生まれて初めての海外旅行に行ったのです。目的地はサンフランシスコから車で1時間ほどにある田舎街。絵に描いたような日本人の家庭で育ってきた私にとって、現地の家庭でのホームステイは何もかもが新鮮で刺激的でした。いま思えば、この経験が私のキャリアの原点だったと感じています。

それまでの私は、「優秀な学校に行き、良い会社に勤め、一生安泰に暮らしてほしい」という両親の期待に応えるように人生を送っていました。決してそれが嫌だったわけではありませんが、日本の外に足を踏み入れたことをきっかけに「もっと自分の知らない世界を見たい」という好奇心を抱くようになりました。

しかし、当時はアメリカまでの飛行機のチケットは安いものでも往復30万円以上。とても学生が簡単に手にできるお金ではありません。そこで必死にアルバイトをしてお金を貯め、卒業前に友人4人と一緒にアメリカを周遊しました。サンフランシスコから入り、ニューヨーク、ニューオリンズ、マイアミの先まで。1つのベッドに男4人で寝るような貧乏旅行でしたが、それがまた面白くて「海外で働きたい」という気持ちが徐々に芽生え始めるのを感じました。

就職先に決めたのは、グローバル展開を進めていた小松製作所。所属していたゼミの同期の約20人中、半数が商社へ半数が銀行へと進むなか、メーカーに就職したのはたったの3人でした。当然私は「変わり者」という目で見られましたが、行くからには思いっきり活躍しようと腹をくくっていました。

ニューヨーク生活での挫折と挑戦

しかし、小松製作所に入社してから4年経っても、海外赴任へのチャンスは掴めずにいました。

そんななか、転機が訪れます。日興証券に転職した上司から「後悔させないからお前も日興証券に来い」と誘いを受けたのです。小松製作所の当時の平均年齢は約45歳。当時の私が20年働いてやっと到達する年齢です。それであれば、若いうちから責任ある仕事を任せてもらえる環境に飛び込んでみようと決意しました。そして海外赴任のチャンスがあるポジションでの採用を条件に、日興証券へ転職します。

結果的には、転職して2年目に念願だったニューヨーク勤務をかなえることができました。

しかし、目の前に立ちはだかったのは言語という大きな壁。旅行中には通じているつもりでいた英語も、実際に生活をしてみると話にならなかった。一生懸命話しているつもりでも「君は何を話してるのかわからない」と相手にされずに、挫けそうになったこともあります。

それでも、やっと手に入れたニューヨークでの生活。「楽しめる楽しめない、話せる話せないは関係ない。とにかくチャレンジしよう」と気持ちを切り替えました。仕事以外にもパーティーに参加したりアメリカ人の同僚に混ざって遊びに出かけたりするなかで、４年ほど経った頃には、ビジネスで困らない程度の英語は話せるようになっていました。

金融の世界は狭いこともあり、数十年経った今も当時の友人たちとは連絡を取り合い、一緒に飲みに行くような関係です。

ニューヨーク時代は社員２５０人のなかで日本人は25人程度しかおらず、上司も部下もアメリカ人。もちろん苦労もありましたが、そういった環境で過ごせたことは、私の人生においても大きな財産になりました。

世界基準の金融商品を提供したい

そして、約8年間のニューヨーク勤務を終えたのを機に、ドイツのドレスナー証券（現コメルツ）に転職します。その後もオランダのＩＮＧ証券、フランスのＢＮＰパリバ証券と、外資系の企業を渡り歩きました。おそらく日系の会社にいたら定年まで働いていたでしょう。しかし、外資系の金融業界は50歳が一つのターニングポイント。40代半ばに差し掛かると、リタイアを考え始めるようになりました。

さらに45歳には腎臓を壊してしまい、半年ほど透析を受けることになります。当時は「最後くらいゆっくりと生活を送るのも悪くない」という気持ちでハワイに家を購入し移住を考えていました。

しかし、半年ほど穏やかな生活を送っているうちに、「物足りなさ」のようなものを感じるようになりました。自分自身の資産運用をするための金融サービスを探していたこともあり、「もっと自由に世界基準の金融商品を提供できる会社があってもいいのではないか」と考えたのが、起業のきっかけです。

会社員から経営者という立場にはなりましたが、外資系の組織は独立商店のような意味合いも強い。これまでも自分で事業計画を考え、予算取りや採用にもたずさわってきたので、自分でビジネスをしてもあまり違和感はありませんでした。

ただ、資金繰りを自分で行うのは初めての経験。会社員時代にも数千億から一兆円ぐらいの資金を動かしていましたが、資金本部の担当者が管理してくれていました。当時に比べれば、投資には慎重になっています。

世界で通用する人材の輩出を目指して

私が社会に出た頃は、とにかく「一生懸命に働くこと」が美徳とされる時代でした。20代は毎日夜中の2時頃まで仕事をし、翌朝も7時には働き始めたものです。そうすれば1日に人の2日分働くことになるので、5年も働けば他の人の10年分働いたことになる。「人の倍働けば経験や知識にも倍の差がつくはず」そう思いながら仕事をしていました。

今は時代も変わってきましたが、20代から30代にかけては猛烈に働いて知識を増やすことは重要だと思います。とはいえ、仕事のために私生活を引き換えにするべきだとは思いません。プライベートの時間が豊かだと、働くうえでのモチベーションにもつながり好循環が生まれる。それは私自身が家庭を顧みずに働いていた時に気づかされたことでもあります。

従業員に求めることでいえば、グローバルスタンダートなコミュニケーションができるようになってほしい。英語を綺麗に話すということと異国の人とコミュニケーションが取れることは別の問題だと思っています。ニューヨーク時代、アメリカ人の部下に「言葉で伝えてくれないと分からない」と訴えられたこともありましたが、日本には「あうんの呼吸」で分かり合おうとする文化がある。当社では様々な国から社員やインターンを受け入れて、多様なカルチャーをもつ人のなかで働ける環境を作っています。

多くの人が毎日7時間以上を仕事に費やすということは、人生の大半の時間が仕事に注がれるということ。それであれば、仕事は楽しんだ方がお得なのではないでしょうか。そういったマインドをもつ仲間たちと世の中に新しい価値を提供していきたい。それが私の目指す組織のあり方です。

国会議員からの一言

若くしてグローバルな環境に自ら身を置いてきた篠田氏だからこそ、日本における人材のグローバル化の必要性を感じるのでしょう。様々な国の人材や文化を受け入れながら発展する同社の金融サービスは、まさに世界基準と言えます。

株式会社アリスタゴラ・アドバイザーズ

東京都港区愛宕 2-5-1 愛宕グリーンヒルズ MORI タワー 35 階　http://aristagora.com/

13

ベストインプレ・コンサルティング株式会社

代表取締役社長 / **松本 喜久**

まず、自ら挑戦せよ

1967年生まれ。明治大学卒業後、高島屋外商部にて勤務。その後5社程転職し営業担当としてトップの成績を残す。それらの企業で営業スキルとマネジメントに従事した後、2010年ベストインプレ・コンサルティング株式会社を設立。現場実践型の営業、組織開発のコンサルティングで、多数のクライアント企業の売上アップに貢献している。

東京都中野区中野4-1-1 中野サンプラザ9F
best-impre.jp

現場で汗をかくコンサルタント

当社で行う主な事業の一つは、いわゆる「営業コンサルティング」です。しかし一般的に行われている営業コンサルティングとは大きな違いがあります。その違いを一言でいえば「現場実践型」であるということ。例えば営業向けのセミナー等で講師の話を聞いたとき、こう感じたことはないでしょうか。「講師が言っていることは、果たして本当に自社の現場で役に立つのだろうか?」―。内容が間違っていないことは理解できても、個別性のある自社の現場で成果を挙げられるかは別問題。つまり多くの方が一般的な営業コンサルに対して、疑念を抱くことは多々あるかと思います。どんなに正しいことをセミナーで伝えても、そうした疑いが一つでもあれば人は動きません。

そこで私は、研修で受講生にレクチャーするだけではなく、私自身がクライアント企業に入り込み、セールスマネージャー「(仮)」として「社内」ミーティングに参加、個別案件の背景、目的などを共有し、プレゼンテーションの原稿を一字一句チェックして商談の現場に同行、「ヒアリングやクロージング」まで実践するという、クライアントとともに「汗をかく」働き方を確立する必要があると考えました。

重要なことは、内部の社員が再現性あるノウハウを自主的に実行できるよう伝授すること。そこまでフォローして初めて組織が変わり、お客様の期待を超える成果が得られるのだと思っているのです。

夢と挑戦、そして挫折

私は大学卒業後、高島屋に就職、外商部に配属されました。時はバブル絶頂期。お客様のご自宅に伺い、美術品や宝石等を売るのですが、その相手は経営者や不動産オーナー、弁護士や政治家ら、財力も権力も持つ方々です。庭にベンツが何台も停まり、池に何百万もする錦鯉が泳いでいたり、地下にバーカウンターがあったり、奥様が「せっかくですから、お付き合いで」と300万円くらいの買い物を即決したりする。入社一年目から、ドラマの中のような世界を目の当たりにしました。

お金のことだけではなく、彼らが醸し出すオーラも、話す内容も、私たちサラリーマンとはスケールがまるで違い、単純に「自分もこうなりたい」と思わせるものがありました。しかし、今のままサラリーマンとして働いても、その域には到達しないことは明白です。居ても立っても居られず、27歳の時、サプリメントやミネラルウォーターを販売する事業を立ち上げました。

当時は、大企業へ就職すれば、その会社を定年まで全うするのが常識。しかし私は、自分の想いに従い、とても悩みながらも起業の道を選びました。なぜこのような行動ができたのか…今になって考えると、私が大学2年生の頃から続けている「トライアスロン」との出会いが大きかったのかもしれません。トライアスロンは、スイム・バイク・ランの3つが組み合わさった過酷な競技。レース中は、惰性ではなく、自分の意志で次の局面に踏み出さなくてはならない瞬間が幾度となく、押し寄せてきます。そのような競技を続けるうち、自分の「ゴール」に達するため、新しいステージへ向けて行動する意志力が培われたのではないかと思っています。

とはいえ、自信をもって踏み出した事業は早々に行き詰まり、見事に鼻を折られることになります。これまで自分が高額の物を売ることができたのは、大企業のブランドがあったから。肩書が外れると無力そのもので、安い物も全く売れません。事業はほどなく苦しくなり、数千万円の借金を抱えました。最終的には「サラ金」から日々追われるまでになり、あえなく閉業。家族にも多大な迷惑をかけてしまいました。当時のことを思い出すと今でも胸が苦しくなります。

営業・マネジメントスキルを磨き上げ再挑戦

初めての起業が大失敗した後、縁あってオリンパスへ転職、再び営業担当になりました。苦い経験はあったものの、私から「起業」の思いが消えることはなく、常に起業を意識しながら、業種や企業名に関係なく本質的な「物を売る」ノウハウを生み出すことに注力、2年目にして成績トップを獲得しました。その後、数社の企業を渡り歩いて実績を積み、スキルを磨き上げていったのです。

また、営業とともに重視したのが、チームリーダーとしてのマネジメントです。これも起業を見越してのことであることは言うまでもありません。しかしマネージャーとしても失敗を経験しました。あるIT企業の営業チームリーダーとして働いていた時のことです。チームで成績を上げ、皆で給料を上げ、良い思いをしようと張り切り、自分が開拓した重要な仕事をどんどん部下に渡していきました。しかしある日、部下との何気ない会話から、彼がプレッシャーから心を病み、通院しながら仕事をしていることを知ったのです。自信を持って取り組んでいたマネジメントで、知らず知らずのうち部下を追い込んでいた事実にショックを受けました。

リーダーは自分自身が実績を挙げるのが最低条件ですが、それとともに部下をサポート、ケアしながら教育することも重要です。その後はチーム一人ひとりの成長を促しつつ、組織を開発するマネジメントの在り方を徹底的に学び、実践していきました。その過程で、現在の「現場支援型」コンサル業務のアイデアが固まっていったのです。

「挑戦」のスイッチを押すビッグイベントを

最近、若い人が挑戦しない、安定志向だと言われます。それは私も感じているのは確かです。私は、トライアスロンのレースなどで海外に行くことも多いのですが、そのたびに、特にアジア各国の若者のハングリーさ、上昇志向をひしひしと感じています。今後、この海外の若者たちと、日本の若者たちが競うことができるのか、不安になるのです。実際にあるコンサル支援先では、中国、韓国の方々への研修も行なっていますが、彼らは一様に「今の日本の若者はすぐに諦める」と言っています。しかし、彼らに挑戦させるのは立場やキャリアが上の立場にある者、会社組織であれば上司しかいません。上司自身が挑戦したうえで「失敗しても私が責任を取る」と、口先だけでなく本気で促さなければ、部下が挑戦する気を起こすわけはありません。

そして時代は大きく変化しています。私がサラリーマンだった時は会社のために「サービス残業」をするといったことが当たり前。しかし、今は働くのは組織より自分自身の成長、幸せのためであると言い切って良い時代でしょう。しかしその「自分自身のため」がリスク回避やディフェンスばかりであってはなりません。変化がリスクなのではなく、動かないことが最大のリスクなのです。つまり、挑戦こそが自分を守ることであり、幸せになる手段。挑戦により自分自身の枠を壊すことで、仕事が面白くなり、働くことの価値も見いだせるようになるのではないでしょうか。

その中で私の役割は、若い方々の挑戦のスイッチを次々に押していくこと。そのためにも、まず自分自身が挑戦する人生を送ることで、そこから派生的に多くのビジネスパーソンの挑戦が生まれていくことを切に願っています。

「いつか近い将来、今の若者たちの本気のスイッチを押せるようなビッグイベントを開催するのが夢であり、目標です」。

国会議員からの一言

組織のマネジメントの在り方や働き方は、企業によって千差万別だと思いますが、松本氏が提唱されている現場実践型のコンサルタントはどの企業にも当てはまる実に再現性のあるもの。そのノウハウは得難い学びとなるでしょう。

ベストインプレ・コンサルティング株式会社
東京都中野区中野4-1-1 中野サンプラザ9F　best-impre.jp

ソルナ株式会社

代表取締役 / 三澤 和則

「人間力」が試される時代。

1968年生まれ。山口県出身。教育・医療機器メーカーで販売企画、営業職に従事。2005年には知人数名とコンサルティング会社を創業。役員として5年間で年間売り上げ40億円規模に成長させる。2011年、自身の病を期にソルナ株式会社を設立。代表取締役に就任する。

東京都中央区築地 2 丁目 9-4 SOLUNA BLD
https://www.soluna.co.jp/

人生観を変えた父親の死

幼い頃から祖母の背中を見て育ってきました。その存在は、今でも私の働き方に大きな影響を与えていると感じます。一家の大黒柱だった祖父が大怪我をし、歩くことができなくなってからは、祖母が一家の大黒柱として朝昼夜と三つの仕事を掛け持ちするようになりました。日の出前の薄暗い時間帯から弁当屋で働き、昼は飲食店、夜はご近所への灯油配達。寝る間もろくに無いなか、愚痴一つ言うでも無く、黙々と働いていた姿を思い出します。2018年に祖母は鬼籍に入りましたが、「大きくなったら祖母に楽をさせてあげたい」「将来必ず恩返しをしたい」と、子供心に抱いたその思いが社会人になってからも働くことへのモチベーションの一つになっています。

新卒で入社した教育系の会社では、営業マンとして日々忙しく過ごしていました。根性だけは人一倍あり、営業成績は常にトップ。上司や部下にも恵まれ、仕事にもやりがいを感じていました。

そんな中、私の人生観を変える出来事が起こります。26歳の頃に直面した父の死でした。死因は急性心不全。何の前触れもなく眠るように亡くなった父に対し「お父さん、まだ46歳なのに。きっとこの先10年20年やりたいことがあったよね」と声を掛けました。当時の私は日々の数字を追いかけ成果を残すことに必死。人生が明日で終わるなんてことは考えたこともありませんでした。しかし父の死を機に思いを改め、自分が本当にやりたいことをやり、悔いのない生き方をしようと強く心に決めたのです。それが「父の分まで生きる」ということだとも思いました。突然訪れた身近な人の死は、「人生いつ何が起こるか分からない」という当たり前のことを、改めて私に気づかせてくれた出来事でもあります。

起業のアイデアは病室で生まれた

その後は仲間4人と会社を立ち上げ、不動産や人材紹介などの業種を束ねるホールディングスカンパニーの役員として仕事に邁進する日々を送っていました。7年間で社員も600人ほどまでに増え、会社は順調に成長。しかし、42歳のときにまたも転機が訪れます。目の病気の検査のために2週間の入院生活を余儀なくされたのです。失明するかもしれないという恐怖と、2週間もの間仕事ができない状態の中で、今までとこれからの人生について、改めて想いをめぐらせました。病室の天井を眺めながら「自分が本当にやりたいことは何か?」と問い続けた先にあったのは、「困っている人や企業の力になること」。それが、自分が最も打ち込める仕事だと気付きました。

不安を抱えながら過ごしていた入院生活のなかでは、担当医をはじめ優秀な病院のスタッフの方々に心身ともに支えられました。そんななか、企業が「健康な状態」ではなくなったときに頼ってもらえるようなサービスを作りたいと考えるようになったのです。

当時はちょうどスマートフォンが普及し始めた時期。既に悪質な中傷も多々見られる中、インターネットに常時接続できるようになれば人はもっとリアルタイムに、より感情の捌け口としてネットの書き込みをするようになるのではないかと不安に感じていました。これまで以上に、謂れのない中傷に苦しむ人や企業が出てくるだろうと。そのことが創業のきっかけになりました。

「カイシャの病院」のような存在に

そして出来上がった当社のコンセプトは、「カイシャの病院」。

今や就職や取引、オフィスや金融機関の与信など、あらゆるシーンにおいてネットで企業や代表者を検索し、情報収集をすることが当たり前の世の中です。それと同時に、根も葉もない噂や過去の悪評による機会損失も当然のように起き、酷いところだと倒産する企業まで出ています。そのようなことになる前に、ネット上の健全度を定期的に調査し、必要に応じて対策をし、企業のリスクを最小限に抑えることが当社の事業です。

たとえば、私たちは病気の予防のため年に1回は人間ドックに行き、検査をして異常があれば治療していきますが、当社は企業のための人間ドックのような存在を目指しています。インターネットはまだ未熟な世界。匿名なら何を書いてもいいと思っている人も大勢います。こうしたリスクへの対策を講じていくことが、これからの企業には必要になると考えているのです。

その一貫として、ネットの情報から採用候補者の人物像を紐解く「ネットの履歴書」というサービスを提供しています。

これはＳＮＳ上の発言などを調査し、面接だけではわからない人物像を明らかにするもの。ミスマッチを防いだり、リスクの高い人物を事前に把握したりすることで未然にトラブルを防ぐという点では、まさに病院でいう「予防」の役割を担っているといえるでしょう。おかげ様でサービス開始から多くのお問い合わせをいただいていますが、同時に企業様がいかに採用に苦労されているのかを実感しています。

当社の採用においても、学歴やスキルといったもの以上に重要視しているのは基本的な「人としてのあり方」。会社は人が全てといっても過言ではなく、採用という入口から整えていくことは非常に大切です。今後も書類や適正検査だけでは測りきれない新しい採用の判断軸を世の中に提供していきたいと考えています。

テクニックよりも人間力を磨け

私が社員に常々言っているのは、「技術的なテクニックよりも人間力を磨け」ということ。これは今までのビジネス人生を通して、私自身が身をもって感じてきたことでもあります。

前職の創業期には、社員数４名で何の実績もない状態で営業に行き「実績を作ってからまた来てください」と言われては追い返される、というのを繰り返していた時期があります。そのとき、「何の実績もない会社が、どうすればお客様からチャンスをいただけるのか」、と必死で考えながら様々なお客様にお会いし、その中で「人として信頼していただくこと」だと気づいたのです。

もちろんご依頼いただいた仕事は全力で行います。しかし、それ以前に、この人にお願いしたら何とかしてくれるのではないか、この人にお願いして仮に失敗したとしても仕方がないと、お客様に思っていただけるような人間性は木でいう根っこの部分だと思います。

とくに現在は、インターネットを通じて世界中の商品が一瞬のうちに比較される時代。ネットで調べれば、より良いモノ、より良いサービスがいくらでも安く見つかります。商品やサービスが良いのは当たり前。それ以上に重要なのは、「この人から買いたい」と言っていただける「人間力」。お客様も様々な商品やサービスに触れて目が肥えていますから、お取引をしていただくのは簡単なことではありません。お客様に本当に喜んでいただくためには、サービスの向上はもちろん、その土台となる社員一人ひとりの「人間力」を高めること。それが経営者の一番の仕事だと思っています。

国会議員からの一言

インターネットの発展が進む現代において、「カイシャの病院」のような存在は必要不可欠。社会の課題を見抜き、本質を射抜く独特の視点にも大きな感銘を受けました。社会の未熟さを解消する活躍に期待したい。

ソルナ株式会社
東京都中央区築地 2 丁目 9-4 SOLUNA BLD　https://www.soluna.co.jp/

15

株式会社ライフラリ

代表取締役 / 名倉 公彦

自ら考え、動ける人に。

1979 年生まれ。埼玉・上尾市出身。幼少期よりサッカーに打ち込み、21 歳までプロを目指してプレー。美容専門学校卒業後、美容師として 10 年間働き、店長も経験する。不動産会社の営業担当者として実績を積み、2014 年に株式会社ライフラリを設立、代表取締役社長に就任する。

東京都港区南青山3丁目8番2号3階2号室
https://www.liferally.co.jp/

自己を形成したサッカーと美容師

私の青春時代は、小学2年から21歳まで続けたサッカー一色。高校、そして社会人チームでもプレーし、プロを目指していました。その夢は叶いませんでしたが、自分自身の根底には、常にサッカーの精神が根付いているのだと感じています。

よく組織論でも「野球型」「サッカー型」などと言われますが、野球は攻撃と守備が交代し、打順があり、打席で都度監督から指示を受けるものです。バントのサインを無視してホームランを打っても怒られますよね。

一方、サッカーは大きな戦略はあるものの、状況に応じて一人ひとりが考え、いつ誰でもゴールを決めることができます。私は野球も好きですが、マネジメントにおいてはサッカー的な考え方を参考にしています。

そしてサッカーとともに、小さな頃から興味があったのが美容師の仕事でした。高校卒業後は美容専門学校に入学し、卒業後は、関東に複数の店舗を持つ４００名規模の美容師が所属する会社に入社。約10年間働き、異動2店舗目では店長も任されました。

しかし結果的には、美容師としてトップになることも挫折してしまいます。美容師には練習で養える技術と、練習では上達しないセンスがあり、自分に限界を感じるようになったためです。その後30歳で結婚し、子供もいたことから、収入面での不安もありました。しかし転職活動は１００社以上応募したものの、どこも不採用続き。美容師の10年がキャリアとして認められないことを痛感したのもこの時です。

長期の関係性を作る営業の仕事

ようやく採用が決まったのは、それまでとは全く異なる業態、不動産投資会社の営業職でした。美容師と不動産営業では「時間軸」が大きく異なります。美容師は1日30、40人のお客様を相手に、短時間で好印象を与えることが求められる仕事。とくに最初の3秒、3分が勝負で、挨拶や笑顔はもちろん、相手の表情から要望を瞬時に読み取り、話しかけるといったきめ細かい気配りが大切です。一方、不動産営業は一人の方と数か月かけて信頼関係を作り上げ、大きな買い物をしていただく仕事。最初はその違いに戸惑いました。

しかし、徐々に自分の美容師の経験がアドバンテージだと気づくようになりました。というのも、不動産の営業は「接客」の発想があまりない。とくに投資用不動産は、選ばれた人に「売ってやる」という意識や態度の人が多かったためです。リスクを含め投資に関する必要な情報を積極的に教えない、売上のみを追求してアフターフォローがない、といった悪しき文化もありました。

そこで私は美容師の接客スキルを応用し、お客様に明るく丁寧に接し、何を知りたいのか、何が不安なのか、ニーズを読み取り先回りして提供するよう心がけました。その積み重ねで、不動産より「人」を買ってもらい「あなたから買いたい」といっていただけるところまでもっていく。実は、美容師よりもじっくりと時間をかけて関係作りができる営業は楽な部分もあるのです。

そして初めての契約は、入社半年後。決して早くないとは思いますが、その契約が自信となり、次第に営業スタイルを確立していきました。最終的には会社の年間売り上げ記録を更新するまでになったのです。

しかし結果が出てくるとともに、不動産業界の体質への疑問も大きくなっていきました。自分自身で不動産投資をはじめたこともあり、投資家目線に立った不動産会社が少ないと感じたことが、起業を決意したきっかけです。

業界をもっとクリーンでオープンに

目指したのは、一言でいうと「不動産屋らしくない不動産屋」です。

当社の顧客はサラリーマン等、いままで不動産投資をしたことがない層が中心です。第一に重視するのは不動産投資の実情（メリット・デメリット）を交え、適切に説明すること。また、売って終わりではなく、資産形成のパートナーとして、クライアントと長く付き合い、投資家としての成長を促していくことを大切にしています。

採用する人材も、他社とは大きく異なります。不動産業界の悪しき慣習に染まっていない、業界未経験の人材が中心で、経歴は様々です。特徴としては、スポーツなど一つのことに打ち込んだ経験のある方、また、これは個人的なこだわりなのかもしれませんが、美容師出身の女性社員が多いことも当社ならではの特色と言えるでしょう。

従来の不動産業界の営業は押しが強い男性が中心でしたが、一概には言えないものの、男性の営業担当者は説明が雑でトラブルになったり、お客様と激しくぶつかったりすることも多い。女性のほうが気遣いが細やかで、面倒見もよく、長期に人間関係を作るのが上手な傾向があります。それが当社の営業スタイルとなり、お客様から信頼を置いていただく一つの要因にも繋がっています。

また現代社会で働く上では、より良い人間関係を築くことはとても重要です。そのためには私生活を充実させなければ、人と良い関係を作ることはできないと考えています。だからこそ長時間労働が蔓延する業界の在り方も変えていきたい。残業は基本的になし。内勤の社員もフレキシブルで、事前申告で出社時刻を8時から12時までで選べるようにしています。労働時間の削減は現在進行形で進めており、また能力の高い女性が多いことから、出産後でも働ける在宅ワークを増やしていくことも予定しているところです。

自主性はすなわち「思考」である

私は1979年生まれですが、私が社会に出る前は終身雇用色が強く、「会社を辞めること=悪」という風潮がありました。最近は自分を評価してくれる会社、働きやすい環境を求め転職することに違和感を感じない人が増え、私の年代は境目だとも感じます。今後はより自由度の高い選択ができるようになるはずですから、社員を職場に縛り付け、従業員満足をないがしろにする企業は、優秀な人材が集まらず、衰退していくことが目に見えています。

ただ、人を雇う側としての視点で考えると、自由の線引きが非常に難しい。自主性の尊重は大切ですが、それは放置とは異なります。サッカーの例えのように、大きな方針をもとに個人が自主的に動く組織を作ることが重要で、それは決められたルールの中で管理するよりもある意味で困難です。

自由とは自己管理のこと。自主性とは、すなわち思考することです。考えることができない人に、自主性を尊重したところで何も生まれてきません。様々な分野で「二極化」が取りざたされていますが、これからの時代、自分自身の目的達成のため、何をすべきか自分で思考することができるか否かの差が格差になっていくのではないでしょうか。

私自身は、従業員に満足して働いてほしい、家族を幸せにしたい、お客様に幸せになってほしい、業界をクリーン・オープンな形に変えたい、といったモチベーションがあり、その達成のためにすべきことを常に考えています。モチベーションは人それぞれですが、人の為によい行いをするといった、超越的な価値をメンバーが共感、共有できれば組織は強くなる。無数に会社があり、選択肢が広がる時代の中で、経営者としてその価値を提供できる存在でありたいと思っています。

国会議員からの一言

これまでの不動産屋の概念を良い意味で覆してくれる会社だと感じます。自主性を伴った組織だからこそ成し得る提案力の高さを感じるとともに、名倉氏の経営者としての手腕にも注目したいところ。

株式会社ライフラリ
東京都港区南青山3丁目8番2号3階2号室　https://www.liferally.co.jp/

16

合同会社 EnZin

代表取締役 CEO/ 井上 教明

卓球経営で変革を

1978 年生まれ。愛知県出身。福井県立大学経済学部卒業後、有線ブロードネットワークス（現株式会社 USEN）で営業に従事。スターキャット・ケーブルネットワーク株式会社を経て、西尾張シーエーティーヴィ株式会社で営業や経営企画等を行う。2018 年合同会社 EnZin 設立。代表取締役 CEO に就任する。

東京都中野区本町 1-32-2 ハーモニータワー 2 階
https://en-zin.co.jp/

「部長降格」から中小企業診断士の道へ

企業人として大事にしているのは、挑戦を恐れず次の一手を打ち続けること。それは、起業前から変わらずに持ち続けている信念ともいえます。

そんな私の会社員時代は、ケーブルテレビ業界での営業職からスタートしました。30歳の頃には仕事の成果が認められ、営業部長に就任。そこから業務の改善や新しい事業の提案を積極的に行い、与えられた役割を上回る成果を出すために必死になりました。とはいえ、当時勤めていたのは業界のなかでもトップクラスのシェアを誇る企業です。良くも悪くも自社のネームバリューに頼った仕事をしている部分があり、現状維持のままでは衰退してしまうと危機感を抱いていました。

ところが結果的には、部長に就任した半年後に平社員に降格されてしまいます。経営陣からしてみれば「今上手くいっているものをなぜ変えようとするのか?」という思いもあったのでしょう。しかし、会社にとって良かれと思ってとった行動が否定されたような気持ちになり、悶々とした日々が続きました。

一方で、降格を告げられたときに社外のコンサルタントの方に言われた「あなたは経営を何も知らない」という言葉を忘れられずにいました。そして「そこまで言われるなら経営を勉強してやろう」と決意し、経営コンサルティングの国家資格として唯一認められている中小企業診断士の勉強を始めます。さらに中小企業診断士の養成課程を修了するため大学院に入学しました。今考えてみれば、それが人生の転機だったのです。

元卓球選手との出会いが生んだ企業指針

昼はサラリーマンをして夜は大学院に通う生活は予想以上に大変でした。会社の定時は夜6時で、大学院の授業が始まるのは6時半。定時まで働くと授業に間に合わないため、時間給制度を利用しました。そのような働き方を受け入れてくれた上司に恩返しするためにも、「卒業後は資格を活かして会社に貢献しよう」という気持ちでいました。

しかし、大学院に入学して1年が過ぎた頃から、大学院のOBの方々から仕事を手伝ってくれないかという依頼が舞い込むようになりました。そこで私は会社に対して、副業を認めてもらえないかという相談を持ちかけます。しかし会社から出た結論は、私一人のために今すぐ就業規則は変えられないという回答。結果的には、会社を退職し起業する道を選択することになります。

そして2018年には、中小企業診断士や弁理士の資格をもつ5人の仲間と共にコンサルティング会社を立ち上げました。しかし当時は知人に紹介いただいたお客様に仕事をもらいながら何とか食べていけるような状況。しだいに事業を継続していくことへの不安と焦りが大きくなっていきました。

そんな矢先に訪れたのが、当社の現顧問である坂本竜介氏との出会いです。彼は元卓球のトップ選手で、サーブを打とうとすると手が動かなくなる「イップス」という精神病を抱えながらも、福島愛選手とのダブルスで全日本での優勝を果たすほどの実力者。さらに現在は2つの会社を経営しながら、卓球のTリーグで監督兼執行役員を務めています。逆境を跳ね除け力強く道を切り開く彼の生き方には、深く感銘を受けました。そして私たち自身も、業界の前例や枠組みに捉われずに新しいことにチャレンジする方向へと舵を切ることにしたのです。

知行合一の習慣化が成功を導く

現在当社では、Tリーグで行われる試合への集客やプロモーションに関わらせていただいています。多くの経営コンサルタントはM&Aや事業継承といった領域を専門にしますが、「経営 × 卓球」を扱っているコンサルタントは存在しません。卓球はサッカーや野球に比べるとまだ小さな市場ですが、だからこそ我々の存在意義があり、チャンスが眠っていると感じています。

私は卓球については全くの素人です。けれど、最初は誰でも「知らない」状態から始まるもの。知らないことにも恐れずにチャレンジすることで新しい知識が蓄積され、結果的にビジネスにつながるのだと思っています。実際にTリーグのプロモーションを依頼いただいた際には、卓球教室やコミュニティなどをゼロベースから探し、あらゆる場所でプロモーションを行ったことで、従来は500名程度だった動員が1500名まで伸ばすことに成功しました。

重要なのは、考えることよりも一歩踏み出すこと。「考える」と「行動する」が一致する「知行合一」が習慣化できれば、自分の想い描く未来を実現させることができるようになるのではないでしょうか。そのスピードを上げるためには、学んだことはその日のうちに実践する、いただいたメールの返信はすぐにするといった、細かい部分の意識を変えていくことでしかないと思います。それは、誰もが行っている「当たり前」のレベルを上げることだとも言えるでしょう。

「卓球経営」で日本企業のカルチャーに変革を

当社が掲げる理念は、「ファンの創造」。ファンとは愛好者と楽しむことを意味しています。それを実現するための概念がまさしく、「卓球経営」。卓球経営とは私たちが作った概念であり、「スピード&コンパクト」を実践する企業を指しています。

世界の中で日本企業が失速してきている原因の一つには、前例がないことに取り組もうとする姿勢や、スピード感の欠如が挙げられると思います。だからこそ私たちは卓球のように、来た玉はすぐに打ち返すような経営スタイルが浸透するように支援していきたい。同時に既存の「働き方」に対する意識改革を行っていきたいと考えています。

その実現のための一歩として経営者同士のコミュニティも作りました。会員同士で卓球を楽しむという趣旨のもと活動していますが、経営者が集まると自然と経営や働き方に関しての意見交換が行われます。そのなかで「卓球経営」を実践している企業のノウハウを再現可能なかたちで社会に発信することで、少しずつでも企業の体質を変化させていきたいと考えているのです。

政府は国策として「ダイバーシティ」や「働き方改革」といった施策を多く打ち出しています。しかし実際にクライアント先の経営者の方々に話を聞いてみると、「国の方針だから仕方なく従っている」というマインドが強いのが実情。残業時間の短縮や労働環境の改善はもちろん必要ですが、画一的に決められた規則は必ずしも企業の実情に即したものではありません。働き方が多様化するなかで、個人にフィットした仕組み作りを模索する必要があるのではないでしょうか。

「卓球経営」を重要な概念として世の中に広めていきながら、卓球業界全体を盛り上げていくことが当面の目標です。とはいえ経営者としてはスタートラインに立ったばかり。これからも過去の常識にとらわれず、本当に必要な価値を必要な人に届けていければと思っています。

国会議員からの一言

「卓球経営」という独自かつ唯一無二のコンサルティング手法は、働き方に対する意識改革を促す上でも有効的だと感じました。東京オリンピックを控える日本にとっても卓球人気は必須であり、今後もファンの創造に尽力してほしい。

合同会社 EnZin
東京都中野区本町 1-32-2 ハーモニータワー 2 階　https://en-zin.co.jp/

17

大迫電気株式会社

代表取締役 / 田中 芳尚

時間で稼ぐのではなく、成果を挙げることで稼ぐ。

1969 年生まれ。東京・品川区出身。専門学校卒業後、夏は沖縄でマリンスクール、冬は長野でスキーのインストラクターとして働く。2000 年、大迫電気株式会社に入社、半導体製造装置の制御盤の製作等の業務に従事。2010 年 7月、同社代表取締役に就任し、現在に至る。

東京都大田区千鳥 2 丁目 9 番 12 号
https://www.osako-electric.co.jp/

半導体の技術発展とともに

当社は1990年設立、四半世紀以上にわたり、半導体製造装置の「制御盤」の設計・制作を手掛けてきました。制御盤は、半導体の加工、組立、検査などを行う製造装置を、スイッチやセンサーの信号を取り込みながら、自動・手動で制御する機器。「半導体の集積率は18か月で倍になる」という「ムーアの法則」に表れるように、半導体の歴史は大容量化、省スペース化の歴史です。製造装置にはナノレベルの微細な動作、100分の1℃単位の温度調整など、緻密なプログラムを施す必要があります。私たちは、高性能な国内大手メーカーの製造装置の制御盤を手掛け、年々高まる技術ニーズに応えてきました。

「人類史上最も精密な機械」ともいわれる半導体で培った技術を生かし、近年は他分野にも積極的に展開しています。たとえば光学分野。スマホに利用される高性能レンズの表面に薄く何層にも塗膜をかける「蒸着」を、吹付量を精密に調整しながら制御する機械などを製造しています。

また、制御盤の専用サイト「半導体製造装置 制御盤.com」を開設し、当社の技術に関する情報を外部に提供。さまざまな業種におけるオートメーション化、コストダウン、省エネなどのニーズに応えていきたいと考えています。

中国からのオファーで自社の強みに気づき

実は、当社の技術について、一般への情報提供を始めたのは最近のことです。そのきっかけとなったのが、中国の装置メーカーから依頼された制御盤の製作の仕事でした。

その仕事は、技術的には問題なく対応できるものでしたが、これまでと大きく異なっていたのが発注数。仕様をお聞きした際「1か月6、7台なら対応できる」と考えたのですが、中国市場を相手にするその会社の実際の要望は「2か月半で50台」。文字通り桁が違ったのです。

1社だけでの対応は困難と考え、同業他社の協力を仰ぐことにしました。しかし、個人企業から当社の倍以上の規模の大手の子会社まで12、13社に打診した結果、すべての会社から断られました。揃って「不可能だ」というのです。問題となったのはコスト。「倍の金額でないと割に合わない」というのが決まり文句で、納期の短さ、品質保証の条件もネックとなりました。

当社が行った決断は、一社のみでの受注でした。困難な仕事であることはいうまでもありませんが、引き受けたからには後には引けません。社内の士気は高まり、早朝から深夜まで工場を稼働、無事に納品することができました。実はクライアントも「たぶんできないだろう」と思っていたそうで、仕様通りの高い品質に、非常に驚かれていました。

当社は、高品質の国内メーカーのシビアなニーズを満たすべく走り続けてきましたが、その技術が他社にないレベルに到達していると実感する出来事でした。それとともに、初代・先代の時代から築き上げてきた技術を、世の中に発信していく必要があると感じたのです。

目標達成の意欲が生産性を生む

ものを完成させたときの達成感は、あらゆる技術者の原点です。

私は入社するまで釘一つ打ったこともない、技術とは無縁の人生。20代のころはリゾート地でのバイトを渡り歩くフリーター生活を送っていました。縁あって当社へ入社したときに目にしたのは、見たこともない形をした工具と、加工前の電線。基礎の基礎から教わり端子を加工してつなぎ、正しく動作した時「俺にもこんなことができるんだ」と、自分自身の知らない一面をみたような、何とも言えない感情が込み上げたことを思い出します。

先代からは「準備」の大切さを何度も教えられました。技術者は、質の高い仕事をするために、命じられた仕事をこなすだけではなく、自分自身の頭で、道具の置き方から姿勢、作業の進め方など、最適な方法を考え準備するもの。準備で仕事の7割は終わり、あとの3割は集中してやるだけだ、と。

今、若い社員を見ても、話しかけても聞こえないくらい作業に集中する姿は、私の目から見ても魅力的です。最近「草食男子」などと形容されていますが、意欲は何ら変わらないと思います。一つだけ違うことは、今はものも情報が飽和、選択肢が多くなることで迷っている人が多いことではないでしょうか。

経営者に必要なことは、一人ひとりの従業員に、目標を持った時間を与えること。それぞれの作業は異なっても、全員が同じベクトルに向き、一人ひとりが技術者の矜持をもって考え、すべき準備をし、集中して取り組める環境を作ることなのだと思います。

昨今、ものづくり業界では、技術者が減少傾向にあります。しかし、高度な技術の需要は間違いなく増大していきます。意欲の高い人たちを育成していかなければなりません。先代が私達に教えて下さった、働くことの厳しさ、やりがい、楽しさをこれからの方々に伝えていきたいと思っています。

時間は仕事の結果に過ぎない

また働き方に関する議論も活発ですが、その議論に違和感を感じることがあります。それは、今日の議論では、残業などの「時間軸」だけに拘り、結果を問うていないことです。

基本的な考え方として、とくに技術者は、時間で稼ぐのではなく、成果を挙げることで稼ぎ、その結果時間がどれくらいかかったか、でなくてはならないと思います。

私たち零細企業は、成果が出なければ次はない。時間がかかってしまったことは人のせいにはできません。同じ結果を得るために労働時間を短くすれば、負荷増大に伴う人手不足とオーバーフロー、モチベーションの低下を助長することになります。

当社でも、週一度の「ノー残業デー」を設けるなど、労働時間の短縮に関する社内制度があります。しかしそれもまた、高い成果により可能になったのであり、制度が先にあるわけではないのです。

日本の先人たちは、知恵を絞り、体力の限界まで努力し、莫大な時間を犠牲にして仕事をしてきました。その結果、高度経済成長を達成、日本を世界トップクラスの経済大国にしました。そして現況、高齢化や人口減少、それに伴う社会保障問題等々、私たちは数々の難題に直面しています。時間でしか稼げないという発想で、未曽有の難題を克服し、さらなる進歩が実現できるのか、私には疑問です。

これから必要とされるのは、先人たちの良い部分を引き継ぎつつ、時代に合わせた働き方を作り上げることです。その際、「必ず成果を出す」というブレない意欲が持てなくては、日本の未来をつくる「働き方改革」も実現し得ないのだと思っています。

国会議員からの一言

半導体の技術発展に寄与してきた同社は、いわゆる日本のものづくりを支える屋台骨と言うべき存在。時間給が主流となる製造業において、成果主義を取り入れるあたりは特筆すべき働き方のお手本とも言えるでしょう。

大迫電気株式会社
東京都大田区千鳥 2 丁目 9 番 12 号　https://www.osako-electric.co.jp/

18

株式会社日本アセットナビゲーション

代表取締役社長 / 茂木 亮介

仕事で「良い影響」を

1985年生まれ。大学卒業後、不動産デベロッパーに入社し営業担当者として実績を積む。数社でマンション営業の業務を経験後、より豊富な物件紹介、きめ細かいサービスの提供を目指し、2015年6月株式会社日本アセットナビゲーションを設立、代表取締役に就任。顧客一人ひとりのニーズに合わせた、資産に関する的確なアドバイス、リスクを含めた詳細な説明で信頼を得ている。

東京都千代田区有楽町 1-6-4 千代田ビル 10F
http://www.nihonasset-navi.jp/

起業は理想の仕事を行うための手段

当社は、東京23区と横浜・川崎を中心に、投資用中古区分マンションの販売・管理等の事業を行っています。取り扱うマンションを「築古」「築浅」「ファミリー」の3カテゴリに分け、独自の査定基準により厳選、豊富な物件をラインナップ、金融機関とのつながりを生かしたローン提案、リスクを勘案した詳細なシミュレーション等を提供、資産管理のパートナーとしてご信頼をいただいています。

客層は幅広く、20代後半から高齢の方、不動産投資に慣れている方から初めて投資される方まで様々。不動産や投資の基礎知識を解説するセミナーも定期的に開催するなど、資産運用のすそ野を広げる業務も積極的に行っています。

私は、大学卒業後に不動産会社に入社してからマンション営業の仕事に身を置いてきましたが、不動産営業の仕事を選んだのは「努力次第で稼げる」というイメージに惹かれたのがきっかけ。ただ、経験を積むうちに報酬はもちろん大切ですが、価値ある商品・サービスを提供し、お客様の人生に良い影響を与えられる仕事をしていきたいと感じるようになりました。

現在は経営者として仕事に携わっておりますが、会社員時代に起業を考えたことはほとんどありません。より多くの方のニーズに対応するため、価格が安い築古物件などにラインナップを増やしたり、新しく金融会社を開拓したり、会社の中でできる範囲以上にやりたいことが出てくる中で、独立が選択肢になってきたという経緯です。起業への希望が先にあってビジネスを探したのではなく、やりたい仕事の手段として起業があったということです。

「なぜ？」を説明する大切さ

不動産業界、特に営業の働き方に関する現在の話題として、どの会社も直面していることが人手不足の問題ではないでしょうか。営業の世界は、単に人手が足りないだけではなく、どの会社でも「できる」人は待遇がよく、会社に満足していることが多いので辞めない。つまりスキルが高い人材がなかなか採れないという問題があります。つまり人手不足を解消するには、他の会社や業種で「できなかった」人を採用し、育成することが必要になっているのです。

そんな中、当社の新入社員の8割くらいは業界未経験者。同業他社からの転職は2割くらいです。経験者もメリットはあるので否定はしませんが、業界経験より、真面目さや成長意欲がある未経験者を採用し、マネジメントする方が良い結果が出ると実感しています。

社員の指導において心がけているのは「なぜ」の部分をしっかり説明すること。単に「あれやっといて」ではなく、できる限り「なぜやらなくてはならないのか」を説明し、その業務が仕事全体で何の意味があるのか、まどろっこしいくらいに言うようにしています。

これは、昔ながらの業界のやり方とはずいぶん異なります。私が若いころは、上司は営業の仕方など教えてくれませんでしたし、指導も頭ごなしなところもあり「なんでできないんだ?」と問い詰められるようなことも日常茶飯事。私は不動産業に「稼げる」というモチベーションで入ったこともあり苦にもしなかったのですが、今の若い人と話していると、そうした強い欲求を持って働く人は少ないような気がしています。昔の指導法は時代にそぐわなくなっているのではないでしょうか。労働時間の点では、当社は同業他社と比べ残業が少ないと思います。残業の原因は、しっかり分業がなされていないこと。自分のすべき仕事が「ここからここまで」と分別されていないため、何をもって仕事が終わったのかもわからず、だらだらと続けてしまう。こうした実状でも仕事についてしっかりと説明し、理解させる形のマネジメントが必要不可欠だと思っています。

情報をすべて出すしかない時代

また、我々が携わるマンションの「売り方」にも変化が出てきています。現在は投資に関する関心も広がっており、若いサラリーマン等にもすそ野が広がっています。「不動産投資に興味はあるけど、なんとなく不安」という、薄く広い需要を取り込むには、見込み顧客にアポを取り、ピンポイントで訪問して売り込むような営業手法では無理があります。

だからこそ当社が現在力を入れるのが、セミナーによる集客です。セミナーのお客様の特徴は、事前にネット等である程度の知識を持ち、セミナーの情報もご自分で探して来られる方が多い。資料を使って時間をかけて説明し、お客さまも座ってじっくり聞く。そして、説明で興味を持たれた方だけが、個別相談にいらっしゃいます。

今はスマホで物件の相場を調べたり、ローンの情報も比較サイトで調べたりといったことが簡単にできる時代です。情報の非対称性が小さくなっていますので、利回りやリスク、メリット・デメリット等についての情報を、こちらからすべて伝えるしかない。その上で商品・サービスに強みがあれば、リスクを取っていただける方は必ずいらっしゃいます。ここでも「なぜお勧めするのか」を説明し、納得していただくことが大切なのです。

そしてまた、従来の営業と必要なスキルも異なります。セミナー講師を若い社員に任せるのは社内教育の一環。人に教えることは、自分の仕事について理解する最善の方法でもあります。人前で話すことが最初から得意な人はほとんどいませんが、誰でも回を重ねるごとに顕著にうまくなるものです。セミナーからの集客は、「できる」営業が大きく売るスタイルではなく、正直に言って大きな伸びはありません。しかし商品に価値があり、それを地道に、真面目にお伝えすれば結果は出るのです。

働くことの本質はぶれさせたくない

時代を俯瞰して見ると、情報化、IT技術の発展など社会の変化、若い人のマインドの変化、働き方、必要とされるスキルなどの変化が、どこかリンクしているようにも感じます。

しかし働き方が変わっても、働くことの本質は変わらないはずです。仕事はすべて、社会に影響を与えることであり、良い商品を販売することは社会により良い影響を与えること。それによってはじめて利益を得ることができると思うからです。

私には毎日の習慣がありますが、それは社会に出た時から変わらない、人生の目標が3つあり、これを紙に書くこと。目標は仕事についてのことと、プライベートのことがあり、内容は教えられませんが、これを毎朝一番早く来社して、一人デスクに座って書くようにしています。変化の多い時代ですが、なぜ働くのか、なぜ生きるのか、という軸はぶれさせないようにしたいのです。

当社で働く人にも、会社で結果を出したい、出世したい、起業したい、といった目標が人それぞれあると思います。その目標に向け、今の仕事が成長につながるか、考えながら行動してほしい。もし実現の為に私にできることがあれば、できるかぎり協力したいと思っています。また、成長意欲のある方に良い影響を与えられるよう、自分自身がモデルケースになれるよう、これからも全力で働いていきたいですね。

国会議員からの一言

単に働くのではなく、常に「なぜ?」という自問自答を繰り返しながら働くことは、非常に意義のあるキャリア設計にも繋がっていくでしょう。これからの不動産業界に一石を投じる働き方であると感じます。

株式会社日本アセットナビゲーション

東京都千代田区有楽町 1-6-4 千代田ビル 10F　http://www.nihonasset-navi.jp/

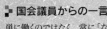

株式会社 Tcell
医療福祉経営コンサルタント

代表取締役社長 / 戸井 優貴

10 歩進んで 2 歩下がりながらでも、人は生きていける

1986 年生まれ。愛知県豊田市出身。薬剤師免許取得後、名古屋大学大学院医学系研究科修了。その後愛知県職員、東証一部上場製薬メーカーを経て独立。中小企業診断士の資格も持つ。現在、株式会社 Tcell 医療福祉経営コンサルタントを運営。主な業務内容は経営コンサルタント事業、児童福祉事業、着物レンタル事業。

愛知県みよし市三好丘緑 3-1-1 アールビル A-2
http://tcell.masa-mune.jp/top.html

勉強づけの高校時代が、起業に役立つ

私の幼少時代は本当に自由奔放で、のびのびとした環境で育ちました。小・中学校は野球少年でしたが、クラス委員や生徒会もするなど目立ちたがり屋な性格。高校は学業成績の特待生で､朝から晩まで勉強づけの日々だったことを思い出します。夏休み、冬休み等は勉強合宿があり一日中勉強。この時の経験が、社会人になってから大いに役立っていると今になって実感しています。

その後は薬剤師になるため、母の勧めもあり私立の大学へ進学をしましたが、そこで研究に目覚めました。そこから大学院の医学系研究科へ進むものの、自分は研究職に向いていないと痛感。一転、研究職の仕事の内定を辞退して公務員になったのです。医療の道へ進みたいと思った矢先、「医療の仕事を行うなら、まずは行政を知らなければいけない」と考えたためです。この公務員時代に医療コンサルティングを生業とされている方に出会い、自分も医療コンサルティングの仕事をしようと決意を固めました。

その後、医療の知識をより深めるために製薬メーカーへ転職。ですが転職をしたものの、仕事は雑務が中心の何でも屋さんでした。これではダメだとさらに奮起し、製薬メーカーに勤めながら中小企業診断士の資格を取得。やがて医療コンサルタントとして独立をするのですが、同時に児童福祉事業を立ち上げたのもこの時です。これは軽度の障害がある子ども向けの放課後等のデイサービスで、学習と就業支援を専門とする事業です。福祉のことは何も分からない状態でのスタートでしたが、やればなんとかなるものだと実感しました。

仕事は、とにかくやってみる

公務員時代も製薬メーカー時代も、今振り返れば本当に多忙な日々でした。とはいえ私は、与えられた仕事はなんでもこなすタイプで、その結果、新しく何かを始めること、果敢に何事にも挑戦していくことが苦にならなくなっていったのです。最初はできなくても、やっているうちになんとかなるものです。「仕事はとにかくやってみるものなんだ」と思えたのは、そうした経験や慣習が自分に染み付いていたからなのかもしれません。そうした意識を持つことが、仕事においてとても大事なことなのだと思っています。

私はこの経験のおかげで、違う分野の業務や仕事をすることに抵抗がなくなりました。結果的に「何かに対してあまり固執しない」というスタイルが私の強みとして確立されていったのです。

現在は複数の仕事を同時進行しているので、よく「激務でしょう?」と周囲から声を掛けられます。しかし、あの高校時代の勉強に比べれば、「そこまでではないかな」と思う自分がいます。皆さんと同じように日曜日は休めるわけですし、家族と過ごす時間も最低限は確保できています。それに比べて高校時代は宿題を大量に抱えていたため、土曜や日曜もない状態。それが当たり前だと思ってきました。そうした経験があったからこそ、メンタル面での体力が身につくものだと思っていますし、心が折れにくい自分を形成したのだと思っています。

もちろん社会人時代の成功事例はあったかと思いますが、あまりにも忙しすぎてよく覚えていないのが正直なところ。

次から次へと仕事があって、右から左へ、目の前にある仕事をこなすことしか考えられない、そんな感覚でした。

実はそれが、私の社会人時代において、一番の成功事例なのかもしれません。驚異的に運が良かった側面もあると思いますし、実際に様々な出来事がうまく巡っていきました。

そしてその中で、何よりも大切にしてきたことは人を見る目。自分にとって運を引き寄せてくれる人とそうでない人をしっかりと自分なりに見極めていくことで、良い縁と良い人に恵まれ、仕事を円滑に進めていくための重要な要素になっていきました。また、そうした様々な縁の中で色々な人とつながり、人に助けられて仕事が回っていく好循環を生み出しています。だからこそ私は、自分がやることに失敗は絶対にないと確信して言えるのです。

現代の働き方について、自分の好きなことをやればいい

私は堀江貴文さんの著書「多動力」でも書かれているように、これからの働き方は一つの仕事にとらわれるのではなく、どんどんやりたいことをやればいい。そんな風に思っています。現代は一つの物事や仕事にこだわっている人が多いと感じますが、「資格があるから」「こういう経験があるから」といった理由で何かを始めるではなく、まずはやりたいことをやってみるべき。10歩進んで2歩下がりながらでも、人は生きていけるはずです。

もし今、働く環境や働き方が自分に合わないのであれば、副業をしてでも自分の視点を変えてみるのも一つの選択肢でしょ

う。仕事は自分のやりたいことを優先する、やりたいことをやるためのリスクヘッジに資格や経験を持ってきて、やりたいことにつなげると充実した働き方ができるのではないでしょうか。そして最終的には、メンタルが折れさえしなければ失敗はありません。当社の従業員の中にも、以前勤めていた会社でメンタルが折れてしまったという経験を持つ社員がいましたが、メンタルが折れた理由は対人関係が原因でした。メンタルはまじめな人ほど折れやすいイメージがありますが、そうならないためにはストレスの分散をしておく必要があります。複数の仕事を持つことは、結果的にはメンタルコントロールに役立ちますから。ちなみに当社では、従業員の管理はしていません。「何かあったら何でも言ってね」というスタンスで、基本的には放任主義です（笑）。なので、驚くほどのびのびと仕事ができる環境があると思います。私はそのくらいの自由なスタンスが、現代の働き方に向いているのではないかと感じています。

オンリーワンになりたい！

自分のやりたいことに没頭し、自由に長く働き続けていくためにも、モチベーションは大切です。私にとっては家族がモチベーションとなり、まだ幼い娘に「お父さんってすごい」と言われたくて、日々の困難も乗り越えることができています。私はそんな風に、誰かにとってのオンリーワンでありたいのです。そのためにも今後は、様々なことに挑戦していきたい。直近ではまず、医療系のアプリを開発したいと考えています。医療機関は経営下手なケースも多く、院長先生はドクターでもあるため経営が疎かになりがち。診療しながら経営なんてできませんし、大きな病院でなければ事務の人も雇えない現状もあります。そうした医療経営の手助けができるアプリを開発し、その悩みを解決できればと考えているところです。コストをかけずにコンサルティングを行うためには、きっとこのアプリが一つの答えになるでしょう。

当社の「Tcell（ティーセル）」とは、T細胞、免疫細胞を指しています。独立した当初は医療系コンサルティングをメインに仕事をしていたため、医療関係に従事される方々が「あぁ、ティーセルね」と言ってくれることが狙いでした。そして免疫細胞にからめて、「何かあった時に僕たちが裏から助けますよ、守りますよ」というメッセージも込めています。そのためにもさらに資金力をつけて会社を大きくし、愛知県内でも有名な企業へと押し上げたい。その結果が最終的には、従業員を守ることに繋がると思うからです。そして顧客に対して今よりももっと細かなニーズに応えられるように、自分たち自身が自由に「やりたいことを貫く」会社でありたいと考えています。

国会議員からの一言

「10歩進んで2歩下がりながらでも、人は生きていける」。この言葉がとても印象的でした。多様な現代だからこそ、こうした柔軟な思考が周囲の共感を呼び、自分のやりたいことを貫ける結果にも繋がっていくのでしょう。

株式会社Tcell医療福祉経営コンサルタント
愛知県みよし市三好丘緑3-1-1 アールビルA-2　http://tcell.masa-mune.jp/top.html

20

株式会社東京リサイクル

代表取締役社長 / 赤池 慶彦

「個」の力を高めたい

1972年生まれ。東京都出身。父親の会社の倒産を受け、小学6年生から路上販売を行う。大学卒業後、父と弟とともに「東京リサイクル運動市民の会」を立ち上げる。2009年に株式会社東京リサイクルの代表取締役社長に就任。会員数15万人のフリーマーケットを中心にイベントの企画・運営を行う。

東京都渋谷区千駄ヶ谷2-34-13 ベルファイブビル3F
https://www.tokyorecycle.jp/

スタートは小学生時代の路上販売だった

私には、今でもふと思い出す風景があります。鞄いっぱいにアクセサリーや雑貨を詰め込んで、渋谷の宮下公園や表参道の歩道で路上販売していた日々のこと。当時、父が経営をしていた会社が倒産し、私たち家族は生きるのに必死でした。路上販売は、少しでも家計の足しになればとの思いで小学生の私が行っていた、唯一無二の「商い」だったのです。

その後も余裕のない生活は続き、大学には読売新聞の奨学金制度を利用して入学。朝晩に新聞を配達する代わりに学費を免除してもらっていました。大学卒業後は、当時お付き合いしていた彼女の「ヒモ」のような暮らし、彼女の会社への送り迎えや家事をしておこづかいを貰う生活。実はその彼女は現在の妻なのですが、よく愛想を尽かさずにいてくれていたと本当に感謝しています。

そんな生活にも少しずつ危機感が芽生え始めたある日、転機がおこります。原宿シカゴという古着を扱う会社の代表（当時）から「暇なんだったら商品を貸してあげるから、好きなように売ってみなさい」と声をかけてもらったのです。折しも当時は古着ブームの最盛期。一日で40万から50万円程度の古着が売れていく時代でした。売上の半分を手数料としていただくことができ、週末しか働かなかったのにも関わらず半年で300万円ほどのお金が貯まりました。

お金が稼げるようになったのはもちろん嬉しかったですが、店頭に立つなかで人と人がモノを介してつながっていくことの豊かさを実感したのもこの時。路上販売から離れて数十年、「商い」の魅力に改めて気づいたのです。

フリーマーケットで「眠る土地」の有効活用を

24歳の頃には、フリーマーケットの運営にも関わるようになりました。きっかけは父が主催していたリサイクルの推進活動です。今でこそ缶やビンの分別は当たり前になっていますが、当時は資源の活用も進んでいませんでした。しかし活動に参加してくれるのは地域のお年寄りばかり。リサイクル活動を行っていた公園でフリーマーケットを同時に開催することで、若い方や子どもたちを巻き込もうと考えたのです。

一方、参加してくれる方が増えてくるにつれ、公園でのイベントに限界を感じはじめました。公共のスペースには、イベントの内容も参加人数も細かい制限があるからです。そして27歳の頃に株式会社を立ち上げました。フリーマーケットをビジネスとして行うことを決意します。

そこで目をつけたのが企業の遊休スペースでした。広大なスペースがあるにも関わらず、平日以外は活用できていないケースは多くあります。私は駐車場を持つ企業に対し、週末に場所を貸してくれないかという交渉をし始めていきました。

現在は、空いた時間やスペースを有効活用するシェアリングエコノミーが浸透してきていますが、当時は同じようなビジネスモデルはほとんど存在しませんでした。貸す側にとっても使用料が得られるのはもちろん、フリーマーケットをきっかけに会場に足を運んでもらうことで、本業への集客にもつながります。そうした認知が広まるとともに、私たちの取り組みが少しずつ市場を活性化していきました。

創業当時は数百人から始まった大井競馬場のフリーマーケットも、今では年間50万人の来場者が訪れるまでに成長しています。その土地ならではの文化に触れられるようブランディングを進めたことで、最近では外国人観光客の方からも人気を集めるようになりました。

子どもたちの考える力を育みたい

私たちが目指すのは、フリーマーケットの「売る」「買う」といった行為を新たな文化として社会に根付かせること。多様な人との出会いや、お金を生み出す力は、学校や会社ではなかなか得られるものではありません。見知らぬ人同士が交流するフリーマーケットのなかで、新しい視点や生きる力を育んでいきたいと考えています。

なかでも注力しているのは、小学生を対象にした教育イベント「キッズフリマ」です。商品の値付けから販売までを子供たち自身で行ってもらい、イベント終了後には「出店料や交通費を考えたら、今日はいくらもうかったの?」という問いを投げかけます。実際にモノの売り買いをするなかで世の中の仕組みを知り、「自分で考え行動する力」がつけられると考えています。

そのために、あえて子どもしか入れないスペースを作っています。親に干渉されない環境で商売をすることで、少し内向的な子どもでも「いらっしゃいませ!」と大きい声が出せたり、「少し安くしますよ!」と自分なりの工夫ができるようになったりする。親にとっても、新たな気づきや子どもの成長を目の当たりできる機会になります。

キッズフリマは今年で10年目になりますが、親御さんや企業様からのご支持もあり、昨年は全国80箇所の商業施設で開催することができました。一方で、首都圏以外の地方のニーズにはお応えしきれていないのが現状。今後は地域に根ざした企業との提携を積極的に進め、より多くの子どもたちの内なる力を育てていきたいと考えています。

「楽しむ」よりも「楽しませる」人に

ヤフーオークションやメルカリの登場など、時代とともに「フリマ」のかたちは大きく変わってきました。私たちが開催するフリーマーケットに影響はないのかと心配されることもありますが、どんなにテクノロジーが発達しても人やモノとの出会いが生まれる場のエネルギーを再現することは難しいはず。

また、オンライン・オフライン問わずに購買チャネルが増えるのは、利用者にとっては良いことです。業界全体でリユース市場を盛り上げていきたいと考えています。

一方で変化の激しい現代では、ビジネスも需要に合わせて変化させていくことが求められます。そのためにも、楽しいことをゼロから生みだす力をもった「個」が集まっている組織であり続けたい。

当社の理念は「ENJOY」。その理念に共感して入社を希望してくださる方も多いのですが、間違えないでほしいのは「自分が楽しむ」のを優先させないこと。参加してくれる人をどのように楽しませるかを突き詰めて考え、喜んでいる姿を見てニヤッと笑えるような方と働きたいと思っています。

夢は、世界中の人々をワクワクさせるようなイベントのプロ集団になること。現在のイベントは都心にばかり集中している状況ですが、地方でも土地に根差した面白いイベントを行うことで地域の活性化にもつなげていきたいと考えています。

いずれは海外にも視野を向け、世界中で多様なイベント開催を行っていきたい。その実現のためには、本気で人を楽しませたいという気持ちと、イベントをビジネスとして成立させる仕組みが必要です。一人のプランナーとして、経営者として、今後も遊び心を忘れずに新しいカルチャーを生み出していければいいですね。

国会議員からの一言

「働く」ことをポジティブに捉えるためにはキャリア教育が重要。様々なイベントを通じて子供たちのキャリア意識を醸成させる素晴らしい取り組みは大きな社会貢献であり、前向きな自己実現であるということを広めていただきたい。

株式会社東京リサイクル
東京都渋谷区千駄ヶ谷 2-34-13 ベルファイブビル 3F　https://www.tokyorecycle.jp/

21

ユニオンテック株式会社

代表取締役社長 / 韓 英志

働き方は「生き方」

東京大学大学院工学系研究科建築学専攻を修了後、2005 年に株式会社リクルート入社。住宅事業(現 SUUMO)など、国内の新規事業開発を複数経験後、同社のグローバル展開を主導、総額 75 億円のコーポレートベンチャーキャピタルを設立し、実行責任者として 30 社以上への投資を実行。2015 年にはドイツ・ベルリンに本社を置く Quandoo GmbH を買収し経営参画。2017 年 6 月にリクルートを退職、2018 年 1 月より現職。

東京都新宿区西新宿 3-20-2 東京オペラシティタワー 40 階
https://www.union-tec.jp

建設業界のプラットフォームを目指す

ユニオンテックは、現会長の大川祐介が2000年6月にクロス・床等の内装仕上げ工事業として創業。オフィスや店舗などのブランディング・設計デザイン・施工をトータルプロデュースする企業として、空間創造事業ブランド「UT SPACE」などを展開、これまでに6000件以上の施工実績を持っています。2016年には、建設業界が抱える様々な課題を解決し、業界の活性化を目指すオンラインプラットフォーム「SUSTINA（サスティナ）」をリリースしました。SUSTINA は、建設業界において発注主が安心して取り引きできるオンラインプラットフォームです。発注主（施主・元請）は日本全国・全工種8500社（2019年4月時点）の会員の中から工事業者（主に専門工事業者）を探して発注依頼することができ、工事業者は、繁忙期・閑散期に左右されず、工事マッチングを通じて安定的な事業成長をすることができます。

私は2018年に、SUSTINA 中心としたIT事業への参画のため当社にジョインし、同9月に代表取締役社長に就任しました。

建築業界への想い、そして再会

私にとって建築・建設は特別な存在です。学生時代は、数学の成績だけが全国トップレベルでそのほかは全くだめ、という「スーパー理系」。現役で慶応大学経済学部に進学したものの「何かが違う」と2日で退学を決意し、一浪して入学したのが京都大学の建築学科でした。父が印刷会社の経営者で、デパートのポスターなどをこだわりを持って制作する姿に「ものづくり」のかっこよさを感じていて、かつ数学も関係するということで、建築に興味を持つようになったのだと思います。建築学は東京大学大学院まで学びましたが、研究室には後にザハの事務所で新国立競技場の設計に参加した才能ある友人もいました。自分はコンペには全く勝てず。残念ながらそちらのセンスはなかったようです（笑）。

「1退・1留・院卒」の26歳で、新卒社員としてリクルートに入社。建築に関連する仕事として、現在「SUUMO」として知られる住宅情報事業を担当しました。

しかし、そこから建築から離れていきます。上司が現リクルートホールディングス社長の峰岸真澄さんで、何年も一緒に働くうち、ビジネスモデルを考える方に次第に興味が移っていったのです。リクルートは2014年の上場もありグローバル展開を本格化。私はコーポレートベンチャーキャピタルの責任者として、東南アジアや欧州等、数々の投資案件に参加、2015年にはドイツ・ベルリンに本社を置く、オンライン飲食店予約サービス会社 Quandoo GmbHを買収し、私自身が現地に入り経営参画しました。Quandoo GmbHには、40カ国から300人以上のスタッフが集まっていて、その中にアジアから乗り込んでかじ取りをする形。厳しい視線を感じながら、メンタルもギリギリな状態でしたが、なんとか事業を軌道に乗せることができました。

その後、辞めると決めた動機は説明するのが難しいのですが、リクルートに入社して12年、そのうち最後の6年はグローバルーＩＴのど真ん中で当時のＩＴの極みとも言えるような経験をしたことで、「生まれたばかりだった娘が大きくなるまで私の仕事が残っているのか」という自問自答もありました。そして２０１７年６月に退職し、半年間は全くの無職。周りからは「次の仕事の話があったから辞めたのでしょう」とさんざん言われましたが、本当に何もなかったのです。

ものづくりはやっぱりかっこいい

複数の会社にお誘いをいただきながら、いまいち心に響くものを感じない中、人の紹介で会ったのが大川でした。職人出身で、一代で内装会社を築き上げてきて、現場を知りつくしながら「建設業界を変えたい」という大きなビジョンをもっていました。今まで、オフラインのリアルビジネスの経営者からＩＴ事業進出の相談を受けたことが何度かありますが、大体、現在の事業からＩＴを主軸にする覚悟があるのか問うと尻込みする。しかし大川は「内装とＩＴが逆転するかもしれませんが、それでもいいですか？」と問いかけても全くぶれません。信用できる人物だと感じました。私は大学院で、建築プロセスのサプライチェーンマネジメントの研究もしていて、SUSTINA の事業は興味のど真ん中でもある。愛はありながら離れた建設業界への想いが蘇っていきました。

あらゆる業界の構造をスマホが壊すといわれながら、建設業界はＧＤＰ比約10％という巨大市場にも関わらず、私の大学時代から十数年経った今も業界構造は全く変わっていません。一方で、職人一人ひとりもスマホを持つ時代となり、

ＩＴを駆使すれば変革の余地が極めて大きいと感じています。

ものづくりは、やっぱりかっこいい仕事です。たとえば、スペイン・バルセロナのサグラダ・ファミリアの建築作業を行う人は、単なる作業員ではなく子どもたちの憧れ、地元の誇り。SUSTINAを日本の職人たちに光を当て、より誇りを持って働けるような仕組みにしたいと思っています。日本の建設技術のクオリティは間違いなく世界一。活躍の場は世界中に広がっていて、シリコンバレーの経営者が日本庭園を造るために職人を呼び寄せるといったことも実際にあります。世界に誇るべき日本の職人や建設技術の海外展開を後押しし、業界のグローバル化にも貢献したいと考えています。

ビジョンがあれば、個性が集まる

私はこれまで色々な仕事をしてきましたが、何の仕事でも、有能な仲間を集めて向かっていく感覚が好きで、一番得意でもあります。ドラクエで「勇者」「戦士」「魔法使い」等が個性を活かしてパーティを組むようなイメージです。良いチームが組めれば、勝てない勝負はありません。その際、大切なのはビジョン。ビジョンこそが、チームがチームである、会社が会社である理由です。ビジョンが共有されていれば、個々のスタッフはすべきことを自分で考え動けるようになります。組織を硬直化させないためには、自主的に動ける権限を与えること、そして失敗を許容する風土があることが重要です。やらなくてはわからないことは世の中にたくさんあります。一人ひとりが自分の持つ能力をいかんなく発揮し、どんどん挑戦し、失敗できる。そんな環境を作るのが私の務めです。

現在の「働き方」の議論では、労働時間を減らすという話が中心のように感じますが、その部分は本質ではありません。バリバリ働きたいという人は、むしろその権利を奪うことなく、もっと働けるようにしたほうが良い。当社は、フレックスを採用し、副業も自由。短い時間でパフォーマンスを高めたい、自分の自由な時間がほしい、会社の外でも働きたい、といった人それぞれに選択肢を提示することを重視しています。

大切なのは、働き方を通した「生き方」です。人は、自分らしい生き方をしている時に、最も生産性が高い。当社の働き方も、またSUSTINAが提案する技術者の働き方も、全ての人が自分らしく生きることを目指すものなのです。

国会議員からの一言

ものづくりの国と言われた日本において、職人の担い手が減少していることが極めて深刻な状況下で、業界に新風を吹かすことのできる有能な人材を集め、職人×ITというジャンルを確立していくことに大きな期待を寄せたい。

ユニオンテック株式会社

東京都新宿区西新宿 3-20-2 東京オペラシティタワー 40 階　https://www.union-tec.jp

22

株式会社エクステンド

代表取締役 / **沖原 厚則**

質は量から生まれる

1963 年生まれ。大阪府出身。大学卒業後、繊維メーカーに就職し、生産管理、営業として 10 年間勤務。営業コンサルティング会社を経て、2005 年に株式会社フィナンシャル・インスティチュートに入社し、事業再生コンサルティング業務に従事。2015 年、MBO により同社を譲受、社名を株式会社エクステンドに変更し、代表取締役に就任。

東京都中央区銀座 7-17-2 アーク銀座ビルディング 6 階
https://www.extend-ma.co.jp

現場に身を置くことの大切さ

私の生まれは大阪で、幼少期は大阪府の枚方、中学生からは奈良に移り住みました。父はゼネコンに勤務する一級建築士。デスクワークより作業着を着て現場に出るのが好きな人で、下請けの方と一杯飲んで帰ってくる毎日でした。後々考えると、現場が好きなのか飲んで帰るのが好きだったのかはわかりませんが（笑）、子ども心に「自分はスーツとネクタイをする仕事に就こう」「建設業だけには就くまい」と考えていたことを思い出します。ただ今になって思うことは、日本の人材教育はホワイトカラーを創ることに偏重する余り、「現業」で働く人を育てる環境や機会が充分でなかったように思います。少子高齢化時代を迎えた今、ホワイトカラーとブルーカラーがもう少しバランスよく労働人口を保っていれば、労働者不足は今ほど露呈されていなかったのかもしれません。現在は建設業や製造業などで現場の人材不足が起こる一方、ホワイトワーカーの生産性の低さが指摘されています。私はコンサルティングにおいて理論のみではなく「品質へのこだわり」を育てる意味で現場を見ることを重視していますが、そういった部分は父と重なるところがありました。（品質とはコンサルティングそのものです）

その後は大学を卒業し、時はバブルの真っ只中。就職したのは繊維メーカーで、最初は製品のプロダクトアウト部門を任されました。企画、仕入、製造を通じ、営業部門に渡すまでのプロセスを担う仕事です。机上の仕事のように聞こえますが、実はこの時、仕入先、製造工場との交渉、原価計算、上代（販売価格）の付け方等を学ばせて貰いました。自然と相手に頭を下げることができるようになったのもこの時期でした。後に営業に配属されたのですが、プロダクトアウト部門は計画通りに生産し、一定の品質を納期通りに納めて当たり前であり、評価は「減点法」。一方、営業は目標に90％達すれば合格点、目標以上の成績を出せば高く評価されます。「営業のほうが楽しいな」と感じたのは、この経験が大きかったように思います。

そして繊維メーカーから経営コンサルティング会社に転じたのが35歳の時。繊維関係は若い感受性が必要で、年齢的に将来に不安を感じたこと、また繊維関係が供給過多になりつつありビジネスモデルが壊れ始めていると感じたことがきっかけでした。ユニクロが急伸し、業界が大きく変わる少し前の話です。

コンサルタントの働き方とは？

初めて就いたコンサルタントの仕事は独特でした。私が「すごい」と感じたコンサルタントは、理屈ではなく、社長の心を一瞬でつかみ、「面白い人だから何か頼んでみよう」と思わせるタレント力がありました。業績の良い会社にも問題点は必ずあるもので、社長の信頼さえ得られれば実効性のある提案はできるものです。とはいえ実際は、自分より顧問先の社長のほうが経験は豊かで、教えを乞うことのほうが多い。そうした経験は今も財産になっています。

そして40歳を過ぎ、エクステンドの前身である株式会社フィナンシャル・インスティチュートに入社、はじめて「事業再生」

分野のコンサルティングに携わることになります。以前勤めていたコンサルティング会社はこれから伸びていこうとする会社が受けるのに対し、事業再生は、今財務的に厳しい会社がクライアントとなるため、大きな違いを感じました。

事業再生をする手法には大きく二つあります。一つは事業を改善しながら健全化していく、いわば内科的療法。もう一方は債権者に一定の負担をお願いする外科的療法です。我社のスタイルは前者の内科的療法ですが、場合によっては外科的療法を選択しなければならないこともあります。現在は企業を取り巻くトレンドも「事業の再生」から「事業の承継」に変わりつつあり、M＆Aや親族内承継など、事業の継続を支援する事業が主流になりつつあります。しかし私自身の経験から考えると、円滑な承継は決して容易なことではありません。会社を継がせる社長も継ぐ御子息も、目先の仕事に追われていると事業を継続するための準備が充分に行えず、後々の経営に支障をきたしてしまうのです。

「急ぎではないが重要な事業」に注目

そんな中、2015年の社長の就任はまさに青天の霹靂でした。当時、フィナンシャル・インスティチュート社は売却を検討していたのですが、時間との闘いもあり、大手銀行の支援もあったことから紆余曲折を経て私自身がMBOで引き継ぐ話が進んだのです。最近では少しずつ「社長業」と言うものがわかってきたような気がしますし、事業を承継する難しさも体感しています。そして社名を改め再スタートを切ったエクステンドは、事業再生コンサルティングに留まらず、事業承継（スモールM&A、親族内承継等）も手掛けていきました。社長業にとって一番必要であると考える、「急ぎではない重要な仕事」の時間を確保してもらいたいとの思いから、情報技術が進歩している環境を活用し、中堅・中小企業の社長に対して必要な時に必要な情報を提供するコンテンツビジネス等の事業展開も進めています。

今後コンサルティング業界では、お客様に通り一編の知識を提供するだけの労働集約的なコンサルティングの単価は下がっていくと予想しています。財務系のコンサルタントは決算書が読めると「先生」と持ち上げられ、勘違いしてしまう人も多い。これからの時代は、二代目、三代目の世代が大学で経営を学んでいるばかりではなく、コンサルタント業をよく理解されている経営者が間違いなく増えていきます。その中で、コンサルタントは理論の収得と現場を通じた「実際」からの経験を基に、他にはない独自の視点を提供できる人しか生き残れなくなるのではないでしょうか。

働き方の議論で忘れてはならないこと

現在、議論の的となっている「働き方」について私の見解を述べさせていただくとすれば、体力や気力が充実している時期は時間を惜しまず、損得を考えず、仕事に邁進するべきだと考えています。これはいささか、時代に逆行した考えなのかもしれません。

しかし若い時に仕事とどう向き合ったかによって、40代、50代で何が成し遂げられるかが決まります。私自身も若い頃に繊維業界とコンサルティング業界で激務を経験しましたが、何事も素直に受け止め、斜に構えず愚直に、様々な業界の現場を多数見ながら魅力的な経営者の方々から学びを得ました。本当に幸運なことだったと実感しています。そして55歳を迎えた私が今同じことをやろうとしても、おそらく経験し難い学びでもあるでしょう。

働き方改革の目的は、生産性を高めることだと言われます。しかし、単に労働時間削減の議論で解決することではありません。質は量からしか生まれず、質の高い働き方とは、量をこなし、常に試行錯誤を繰り返しながら見つけ出していくものだと思うからです。だからこそ若い方々には様々なビジネスの現場に身を投じてもらい、そこで得た知識と経験の中から本当に自分の武器となる強みを見つけてほしい。そして、こうした働き方がやがてプロフェッショナルとして活躍できる「生産性の高い仕事」に繋がり、「品質へのこだわり」を高めることになると期待しています。将来のある皆様には、このような働き方を実現してほしいですね。そうした働き方をこれからも応援していきたいと思っています。

国会議員からの一言

現代社会において根深い問題となる労働者不足や事業継承。そうした生の現場を知る沖原氏だからこそ、働き方に関する言及にも強い説得力を感じます。社会に向けた質の高いコンサルティングを今後も積極的に続けてほしい。

株式会社エクステンド

東京都中央区銀座 7-17-2　アーク銀座ビルディング 6 階　https://www.extend-ma.co.jp

株式会社 MapleSystems

代表取締役 / 望月 祐介

「個」を活かす組織に

1981年生まれ。福岡出身。熊本で育ち、九州工業大学を卒業後、複数のシステム会社に勤める。フリーランスエンジニアを経て、2009 年にメイプルシステムズを創業。エンジニアが客先に常駐し、システム技術を提供する SES（システム・エンジニアリング・サービス）の業態で業績を伸ばす。30歳で東京大学工学部システム創成学科に研究生として入学。

東京都中央区銀座 8-14-9 デュープレックス銀座タワー 802
http://maplesystems.co.jp/

優秀な人の力を借りる仕組みづくり

私が「起業」について考えるようになった原点には、高校時代の体験があります。進学校に進み、学力にそれなりに自信を持っていた私でしたが、明らかに自分よりも勉強していない人が、必死に勉強をした自分よりあっさりよい成績を取るという現実を目の当たりにしたのです。

それはショックな出来事ではありましたが「自分が優秀ではないことも、より優秀な人の力を借りればうまくいくのではないか」という気づきを早くから得ることができました。大学を卒業し、システム会社に勤務、その後フリーランスのエンジニアとして働いているときも、優れた能力を持つ人に力を発揮してもらう分業体制を作ることをずっと考えていました。

２００９年に創業した当社の業態は、ＳＥＳ（システム・エンジニアリング・サービス）と呼ばれるもの。所属するエンジニアが、クライアント企業に常駐し、Ｗｅｂ、システム構築、ネットワーク・サーバー構築などの技術を提供しています。

私自身も現役エンジニアであることから、当社で提供する技術については一通り知識は持っています。しかし、実際にお客様に対応し、ニーズを見極め、高い品質の技術を提供するのは一人ひとりのエンジニアであり、高度な分業体制が構築されています。私の務めは、その優れたエンジニアたちの持てる力を十分に発揮できる環境を作ることにあります。

「離職率100%」を目指す会社

現在、当社には100人近くのエンジニアが所属し、それぞれのお客様先で働いていますが、この規模になるまでに試行錯誤がありました。30、40名までは増えるのですが、そこからが伸びず、行ったり来たりを繰り返していた時期があったのです。

「なぜ社員が辞めていくのだろう」と思い悩んだこともありました。しかし、自分自身を含めたエンジニアの思考、理想とする働き方について考えるうち、会社の方針を根本的に変える必要性を感じるようになっていったんです。

その考え方を最もよく表すのが、現在当社が掲げる「離職率100%を目指す」という目標です。「定着率100%」ではなく「離職率100%」。これは奇をてらったり、受けを狙ったりしているわけではなく、エンジニアの最適な働き方を考え、行きついた結論に他なりません。

エンジニアのゴールは会社ではなく、自分自身のスキルを高めること。大企業に入って、大きなプロジェクトに携わっても、そこで働くことが自分の成長につながらなければ次のステージに行く。それがエンジニアという人種です。

「エンジニアたるもの、常にアンテナを張り、新しい技術についての情報をキャッチすべき」と多くの人が言いますが、新しい技術は、自分の会社の外にあることのほうが多い。技術に興味を持ちながら、他社で働くことに興味を持つなというのは矛盾しています。当社の「離職率100%」の目標は、エンジニアのキャリア形成を第一に考える会社でありたい、という意思表示なのだといえます。

そのため社員は当社に「帰属意識」を持つ必要はありません。必要なのは成長意欲。新しいことを学び、向上することを楽しむ姿勢です。これがない人は、エンジニアとは言えません。成長意欲の高い方々に、当社で案件を通してスキルを高め、どんどん「卒業」してもらいたいと思っています。

キャリアファーストへ、広がる共感

「離職率100％」と掲げたことによって、面白い現象が起きていきました。

まず、採用がうまくいくようになったこと。エンジニアはもともと、組織に縛られるのが嫌いです。「卒業ありき」で人材を募集することで、優れたエンジニアに安心して門をたたいてもらえるようになったのだと思います。

もうひとつは逆説的ですが、人が辞めなくなったこと。これも考えてみれば当たり前です。転職を検討する時、会社から引き留められるとわかっていたら転職先が決まるまで隠れて活動するでしょう。しかし、当社は卒業が前提の会社です。

「オープンキャリア制度」といって、転職を含めた社員のキャリアを相談できる窓口もあり、月一回のヒアリングをはじめ、社員の希望や不安、不満に親身に耳を傾けています。転職を考える人から相談を受けた場合に、辞めなくても希望に応える方法が見つかることも多くあります。

転職することが決まった場合も「キャリアバトン制度」といって、希望する会社にスムーズに入社できるよう、スキルの証明などをサポートする制度も設けています。

そのため転職した元社員と、良好な関係が続くことも多くなりました。エンジニアの世界は広いようで狭く、どこかでつながってくるもの。辞めた人は「たまたま、今、うちの会社にいないだけ」という感覚もあります。社員の転職先の会社から、当社に人材紹介の依頼があり、現社員と元社員が一緒に働くケースもあります。ゆくゆくは「元メイプル」が、エンジニアの間でブランドとして認められるようにしていくのが理想だと考えています。

「逆張り」で業界をリードする企業に

ビジネスの世界では「集団の時代から、個の時代に移る」と言われて久しいですが、現代はその言葉に具体性が出てきた時代になってきたと思います。

たとえば高速インターネットが実現したことで、リモートワーク環境が整っています。当社はほとんどのエンジニアがお客様先に常駐で働いていますが、社内で働く自社開発事業のエンジニアもおり、その方々はリモートワークで、都内各地、また和歌山など他県からログインして仕事を行っています。システムエンジニアは仕事中、同じ部屋で働く同僚ともチャットで会話するようなところがありますから、条件さえ整えば、どこで働いても全く問題はありません。

また、採用のツールも変わりました。現在、入社する社員の半分以上は、実はTwitterをはじめとするSNSでのやりとりがきっかけ。求人サイトを経由しなくても、私に個人的にコンタクトを取ってもらえれば詳しく技術の話もできますし、すぐに面接もできます。つまり採用にかかるコストは0円です。

変化の速い現代において、事業でも社内制度でも、それまで当たり前に行ってきたことを常に疑う姿勢が必要なのだと感じます。企業が「みんながやっているから」「流行っているから」という理由で動いていては、ずっとレッドオーシャンに居続けることになってしまうでしょう。

当社では「全ての仕組みに逆張りを」を合言葉に、会社の姿を大胆に変化させ続けてきました。おそらく、数年前に当社で働いていた人からは、全く違う会社のように見えるはずです。中でも、エンジニアが「個」の力を発揮するための仕組みについては、時代の先を見通せる存在だと自負しています。これからもリーディングカンパニーとして、エンジニアの働き方をもっと自由に創造していきたいですね。

国会議員からの一言

経営者の本質的な役割＝環境づくりであることは、どの業態でも言えることです。その中で企業が考えるべきは、いかに自由度の高い環境を提供し、個を活かせるかということ。その実現が同社の成長理由に直結していると感じます。

株式会社 MapleSystems
東京都中央区銀座 8-14-9 デュープレックス銀座タワー 802　http://maplesystems.co.jp/

株式会社リビングハウス

代表取締役社長 / **北村 甲介**

好奇心が価値を生む

大阪府出身。2000年慶應義塾大学商学部卒業後、アパレル商社、外資系インテリア会社勤務を経て、2004年株式会社リビングハウス入社。2011年代表取締役社長に就任。「あなたのくらしに魔法をかける」をテーマに、インテリアセレクトショップを展開するほか、店舗やオフィス、モデルハウスなどの空間コンサルティング業務でも高い評価を受ける。

大阪府大阪市西区南堀江 2-10-8
https://www.livinghouse.co.jp/

「空間創造」としてのインテリア

株式会社リビングハウスは、世界500を超えるブランドを取り扱うインテリアセレクトショップ「LIVING HOUSE（リビングハウス）」、ドイツのインテリアブランド「KARE（カレ）」をはじめとしたショップを全国主要都市に展開しています。また、BtoB事業にも力を入れており、小売店舗や飲食店のプロデュース、モデルハウス、モデルルームなどの空間コーディネート、オフィス、ホテルなどのインテリア提案なども手掛けています。

実は、私たちが事業領域とする家具・インテリアの業界は、典型的な「右肩下がり」の産業です。人口減少、高齢化に伴う住宅の減少、メーカー・小売の業態変化等により、全国の家具メーカー数は最盛期の3万軒から5千軒を下回るまで減っています。とくに地方の状況は深刻で、顧客が固定化・高齢化し、跡継ぎも不足、廃業を余儀なくされるケースが増えています。

その中で当社は、地方の老舗家具メーカーとコラボレーションし、店舗づくりやネットを含めた集客のコンサルティングを展開するなど、業界の活性化にも取り組んでいます。業界では、小売とメーカーが組むことは珍しく、タブー視されるところもあったのですが、慣習にとらわれず新たな価値を築くことに意義を感じています。

当社は、業界トレンドとは逆向きに、業績を伸ばし続けています。その要因としてあるのは、発想の転換。インテリアの事業を製品を売るだけではなく、空間で差別化して魅力を付け加える「空間創造事業」であると位置づけていることにあると思っています。人口や住宅戸数が減っても、空間は無限。需要も限りなく創り出すことができると確信しています。

すべてが感性を磨くための活動

「空間創造事業」のためには、モノなどのハードより、理念や感性、アイデア等、ソフトの部分が重要であり、それを担うのは働く人です。

私が当社の人材に求めるのは「遊び心のある努力家」。多くの経営者が求める「素直さ」「真面目さ」も大切ですが、それとともに「遊び」の部分が絶対に必要なのです。

遊び心は「好奇心」と言い換えることもできます。見たことがないものに興味を持ち、新しいことを楽しむ能力です。たとえば、当社のバイヤーやコーディネーターは、イタリアやフランスで開催される展示会や店舗を視察し「選力眼」を磨いてもらっています。コストはかかりますが、多くの人に本物を見て感じてもらいたいし、「見たい」という好奇心をもってもらいたいからです。

また、無限の空間を相手にする仕事ですから、インテリアに限らず世の中の森羅万象にアンテナを張ってほしい。仕事も遊びも、すべてが五感を磨くための活動であって、無駄なものは一つもありません。

私自身も好奇心は旺盛で、見たことがないものを生で見ることを意図的に行っています。とくに芸術・エンターテインメントにはインスピレーションをもらうことが多く、映画や本、スポーツのほか、今まであまり縁がなかった歌舞伎や落語など伝統芸能にも足を運ぶようになりました。

最近では、「乃木坂46」のライブに行ってみました。正直、当初は「アイドルなんて……」という気持ちもありましたが、まさに百聞は一見に如かず。彼女たちが登場したときのファンの歓声、熱気は想像以上。「アイドルは、最高のブランドビジネス」だと気づきました。今度は歌を覚えて、ペンライトも買っていきたいですね（笑）

身近な興味をモチベーションにせよ

新しいことを取り込むとともに、考えたこと、感じたことを社内に発信することを大切にしています。朝礼を動画で撮影して全国の支店に配信したり、スタッフとメーリングリストを作ってメッセージを送ったり、社員全員と直接食事する機会を設けたりといったことを積極的に行っています。

伝える内容は、仕事上の伝達、改善提案はもちろん、最近読んだ本、感動した言葉など様々です。全ての人に響くとは思っていませんが、私の言葉をきっかけに、一人でも、気づきや行動につなげてくれる人がいればいいと思っています。

先日、入社一年目の方々と食事する機会がありました。話してみると、世間でよく言われるように、若い人は車や家などモノに興味がない人が多いようです。テクノロジーやライフスタイルが急激に変わる中、仕事の目標を持つことが難しく、モチベーションをどう持てばよいのか、迷っている様子も伺えました。私も遠い目標は設定しませんし、モノへのこだわりは強くない。彼ら彼女らの言うことはわかる部分も多いです。

ただ、難しく考えることはないと思うのです。誰にでも、衣食住、興味のある分野があります。そして、たとえば寿司なら、回転ずし、カウンターの店、高級店、そして天井に近い値段の店と4つくらいのレベルがあり、誰でも、できることならすべて体験したいとは思っているはずです。高いものは高いだけの良さがありますから、頑張って行ってみると、必ず発見があります。そして、さらに知ってみたいと好奇心が湧き、その興味を経済的な理由であきらめたくないと思う。そういった分かりやすいところから、モチベーションを高めていけば良いのではないかと話しました。

「自分のために働く」が基本

これは「仕事」について考えることにもつながります。私は高級店も好きですし、ファストフードも好きです。それぞれの良さを知ると、たとえば少し高い寿司屋に行って、あまりおいしくない場合に「これなら、もっとお金を出して一番良いところに行くか、回転ずしを5回食べたほうがよかったな」と思います。高くても安くても、それぞれの店は真剣勝負している。その店に行くことに価値があると思ってもらわなくては生き残れません。

当社で扱う商品は、価格帯は「中の上」。消耗品ではなく、必ずしも必要性に駆られて買う物ではありません。お客様の財布は一個しかありませんから、同業他社だけではなく、海外旅行もファッションも、レストランでの食事も、全てが競合していると考える必要があります。世の中を広く知ることで、自分だけの物差しではなく、お客様目線で自分が提供する仕事の価値を考え、質を高めることができるのです。

基本は、自分のために働くべきです。会社のために働くという考え方はする必要はありません。ただ、自分のために働き、視野が広がっていくと、仕事は常に誰かに影響を与え、誰かの役に立つものであるということがわかってきます。自分、家族がいて、仲間がいて、地域があり、国があり、すべてつながっていることが肌で分かれば、より広い社会、多くの人に貢献したいという気持ちが自然に生まれてくるのではないでしょうか。私自身も経営を通し、お客さまにも業界にも、働くスタッフにも、良い影響を与えられるような仕事をしていきたいと思っています。

国会議員からの一言

空間創造としてのインテリアは、働く上での精神的な支えでもある。新しい感性を磨き、斬新な思考によって一人ひとりが新時代を切り拓いていける社会創りに貢献していただきたい。

株式会社リビングハウス

大阪府大阪市西区南堀江 2-10-8　https://www.livinghouse.co.jp/

株式会社テンカット

代表取締役 / 本橋 優一

経営者意識をもてる人に

1977 年生まれ。東京都出身。駒澤大学経営学部卒業後、金融機関に入社。アミューズメント施設を運営する企業での代表取締役を経て、2016 年に株式会社テンカットの代表取締役に就任。現在は北関東を中心に理容業・美容業を展開している。

群馬県館林市朝日町 12-40

結果にこだわる姿勢が「基礎体力」を作った

大学卒業後は金融機関に入社し、融資を中心とした法人営業の仕事に就きました。私が就職活動をしていた当時は就職氷河期の真っ只中。その時点では、将来経営者になろうというようなキャリア志向も全くありませんでした。「とにかく内定をもらえて良かった」そんな感覚で社会人の一歩を踏み出したというのが正直なところです。

実際に仕事を始めてみると、事業所への融資営業は予想以上にシビアな世界でした。会社からはもちろん結果を求められますが、当時は決して景気が良いとはいえない時代。そんななかで融資を受けていただくためにはお客様に信頼いただけるように営業スキルを磨く苦労もありましたし、常に数字を追い続ける精神的なハードさも経験しました。けれど、そこで食い下がりたくはなかった。がむしゃらに働き実績をあげることで徐々に自分に対する評価も高まり、自信につながっていきました。

当時の上司から言われて心に残っているのは、「相手の視点を忘れるな」ということ。営業の場面では組織のトップの方とお話することも多かったのですが、お客様の心を開くためには同じ視点で物事を思考する力が必要。仮に自分が経営者だったら何を基準に判断するだろうかと常に考えながらコミュニケーションをとっていましたね。

20代の頃、もがきながらも努力を重ねた経験は、その後の仕事の「基礎体力」になったと感じます。小さなことを継続する力や困難に直面しても逃げない姿勢など、仕事に対するメンタリティが鍛えられました。

強い企業は強い組織の上に築かれる

結果的に新卒で入社した企業には9年間在籍し、ベンチャー企業投資やM&Aなど他の業務にも携わるようになりました。そのなかでアミューズメント施設を展開する企業とのご縁があり、その企業の代表取締役に就任するかたちで退職を決意しました。

代表になってからは、会社員時代に鍛えた営業力や突破力で業績を上げることに不安はなかったのですが、財務的な部分やいかに組織を強くするかという点には苦労しました。少しでもヒントを得ようと、先輩の経営者に話を聞いたり、たくさん本を読んだりしましたね。

ただ最終的に行き着いた答えは、「自分の思った通りやる」ということ。自分が創業者ではない会社で途中から代表となり、新しいカルチャーを築こうとすると当然反発や批判を受けます。けれど周囲の声に左右されすぎて自分の軸をぶれさせれば、上手くいかなかった場合に不満の矛先を他者に向けてしまう可能性もある。それであれば、自分の考えに責任を持ち全力で組織改革に取り組もうと決めました。

なかでも注力したのは人事評価制度の見直し。成果を出している人を正当に評価する仕組み作りや、入社後でも希望する部署に異動できる制度を設けるなど、社員がモチベーション高く働ける環境を整えていきました。企業にとって一番の幸福は、半永久的に世の中に存在し続けること。そんな強い会社を作るためには、資源である人や組織を徹底的に磨き、強い土台を作らなければいけない。そう考えたからです。

経営者として新しいキャリアをスタートしてからの6年間、東日本大震災による経営危機をはじめ、予期せぬ困難を何度も味わってきました。しかし、予想外の状況に置かれたときの判断や舵取りを経て今があると思うと、全ての経験が自分の財産になっていると感じています。

地域に根差した理容室を目指して

北関東を中心に理容店を展開するテンカットの代表に就任したのは3年前、39歳の頃です。当時はM&Aにより株主が交代した時期で、経営経験のある私にお声をかけていただいたのが経営に携わることになった最初のきっかけです。

当社の特徴は一律1000円の「格安カット」。都心にある「格安カット」と呼ばれる理容室は、サラリーマンの方が会社帰りに寄られるようなイメージも強いと思いますが、埼玉、群馬、栃木などの地方都市で展開を行う私たちの店舗には、地域住民の方が多くいらっしゃいます。

地域密着型の店舗のため、理容師に求められるスキルも一般的な理容室とは異なります。指名制度があるわけではないのですが、リピーターの方は「この人に切ってもらいたい」と決めて来店される場合がほとんど。理容師にも、お客様に「また来たい」と思ってもらえるように信頼関係を築くことが求められます。

お客様のなかには、馴染みのスタッフと話すのを楽しみに来店される方もいれば、一人の時間を大事にしたいと考えている方もいます。一人ひとりに合わせたコミュニケーションや対応を心がけることで、より良い顧客体験を提供したい。すぐに成果に結びつくわけではないですが、そういった小さな心がけの積み重ねが、唯一無二の理容店を作り上げると考えています。

私が従業員に伝えているのは「単なる床屋ではなくサービス業だという意識を忘れないでほしい」ということ。理容師としてのプロ意識やプライドは持ちつつ、お客様から愛される魅力を備えた人材になってほしいですね。

一人ひとりが当事者意識を持ち動ける組織に

現在、理容・美容業界は人材不足という深刻な課題を抱えています。商業的に散髪を行うためには国家資格が必要ですが、少子高齢社会に伴って働ける人が減ってきているのです。理容・美容師という職業自体も、体力的にきついイメージや待遇面を気にされる方も多いのが現状でしょう。

加えて、私たちが提供している「格安カット」は短時間でカットしなければいけないため、ある程度の経験が求められます。在籍するスタッフも基本的には30代以上の方がほとんどです。いまは、活躍してくれているスタッフの方々がやりがいをもって長く働いていただけるよう、リピーターを獲得したり売上に貢献してくれたりしている方はしっかり評価する体制も整えています。中にいる人達が生き生きと働いていなければ、その環境で働きたいと思って新しい人に来てもらうことも難しい。実際、当社に応募される理容師の方は既存スタッフからの友人紹介も多いです。

組織全体としては、スタッフ一人ひとりが経営者意識をもったプロ集団を目指しています。自分がお店を支えているという感覚を持ち、主体性をもって仕事に取り組んでいってほしいですね。私自身振り返ってみても、仕事ほど人を成長させてくれるものはないと、改めて思います。仕事を通して出会う多くの人や出来事など、全てが自分自身の血となり肉となるでしょう。

競争が激しい理容・美容業界で勝ち残っていくのは、決して簡単なことではないですが、外的な要因を悲観していても仕方がありません。まずは人材の育成やサービスの向上など足元から基盤を固め、長期的な視点で経営に取り組んでいきたいと思います。

国会議員からの一言

特に理容業界などのBtoC事業で勝ち抜いていくためには、本橋氏の言うような経営者意識を持つ働き方が成功への鍵を握るだろう。スキルアップを促進できるテンカットの人材育成は、現代の働き方の参考にすべきだ。

株式会社テンカット

群馬県館林市朝日町 12-40

夢見る株式会社

代表取締役 / 重見 彰則

「働く背中」を見せる

1985 年生まれ。兵庫県出身。関西大学総合情報学部在学中、神戸 YMCA にて小学生を対象とした野外活動ボランティアの企画・運営を行う。同学卒業後、経営コンサルティング会社に 4 年半勤務、企業の支援業務に従事。その後、事業再生を強みとするコンサルティングファームへの転職を経て、「人」の重要性を痛感したことから教育分野での起業を決意。2012 年に夢見る株式会社を設立し、代表取締役に就任。現在に至る。

大阪府堺市北区中百舌鳥町 5-6 中百舌鳥駅前ビル 5F
http://www.robo-done.com

社会をゴールとした実学教育

夢見る株式会社は、幼児・小学生を対象としたロボット・プログラミングスクール「ロボ団」の運営を主事業とする会社です。ロボ団は現在、国内30都道府県に約100校を展開するほか、香港、タイなど海外にも進出、2019年秋にはフィリピン・セブでの開校を予定しています。2020年の小学校におけるプログラミング教育必修化に伴い、大手学習塾でもプログラミングの授業を設けるところが増えています。しかし、学習塾にとってプログラミングは専門領域ではなく、成績や進学に直結しにくいこともあり、必ずしも教える熱意が高いとはいえません。

当社は、プログラミングに特化した子ども向けスクールとして随一の規模を持ち、プログラミング学習用のアプリソフトを自社開発するなど、コンテンツ制作に力を入れています。ロボ団のカリキュラムは、6歳から12歳くらいまでの年齢の子どもたちが、無理なく本格的なプログラミング言語の基礎を習得できるよう改良を重ねられ、最近では、ロボットの世界大会に出場する生徒も出てくるなど、着実な教育成果を挙げています。

ロボ団は「好きを学びに、社会とつながる」というコンセプトを掲げています。授業の最も大きな強みは「楽しい」ということです。プログラミングを心から楽しみ、好きになってもらい、その気持ちを「学び」に紐付け、学びを生かす場である「社会」をゴールとして、未来を切り開く子を育てる。そういった、新しい実学教育を創ることを目指しています。

「文系」「理系」の枠を超えて

最近のプログラミング教育必修化とも関連する話ですが、政府が提言している「グローバル人材育成のための3本の矢」の2つ目に、「イノベーションを生む理数教育の刷新」という項目があります。これは、いわゆる文系と理系の一方に偏るのではなく、両方の素養を持つ人材の育成を求めるもので、今後、大学入試時に必要な学力として、文系でも理数の力を重視する方向に進むことになります。

しかしここで問題があります。それは現在、日本人の約7割は文系、理数系は3割くらいで、圧倒的に文系優位であること。さらに、文系の方は「理数が嫌いだから」という理由で文系を選んでいる場合も多く、子どもたちに理数の楽しさを教えられる人が絶対的に少ない現状があります。

当社の教育事業は、子どもたちに抵抗感なく、自然に理数的な考え方を身に着けてもらうものでもあります。また、文系と理系に関係なく、変化の時代に必要なのは、「答えのない問題」への思考力、そして「やりきるチカラ」を育むことです。

一般的な学習塾は、用意された「答え」に最短でたどり着くノウハウを徹底して学ぶ場所ですが、社会に「答え」などありません。ロボ団の授業は、先生から生徒へ一方通行に教え込むのではなく、技術を教えた後、ミッションを与え、じっくり時間をかけて試行錯誤する時間を設けています。学ぶ姿勢や集中力といったファンダメンタルな部分が育まれる幼児期、失敗しながら気付きを得、やりきるプロセスを体験することを大切にしているのです。

「学ぶ理由」に気づく教育事業を作る

私は父が経営者だったこともあり、小さなころから経営者になりたいという気持ちがありました。しかも、既存の事業のまねではなく、自分自身の体験、自分を含む人々の共通体験から課題を捉え、解決する事業を作りたいという思いが強くありました。

新卒では経営を学ぶ目的もあり、コンサルティング会社に入社。採用・組織課題を解決するコンサルタントとして従事し、経営における「攻め」の部分を学びました。しかし、リーマンショックを契機に業績が下降し、人員整理に入ったため退職。転職先として選んだのは、事業再生を強みに持つコンサルティングファームで、経営危機に陥る会社の再生に携わりながら、経営における「守り」の部分を学んでいます。

自社やクライアントなど、危機に陥る会社を見て痛感したのは「人」の重要性でした。例えば、経費を削減、事業を再構築して出血を止め、資金を注入しても、売上を上げなければ会社は成長しません。そして、成長軌道に乗せるためには、スキル・経験のある人材が必要で、そこで行き詰る会社が非常に多いのです。

人に焦点を当てたビジネスには、採用コンサルや社会人研修もありますが、より根本は子どもの教育です。

ただ、単なる学習塾にはしたくないという気持ちもありました。私の原体験として、勉強とは大人から強いられるもので、学びを楽しいと思ったことはありませんでした。「成績を上げる」「受験に合格する」というミッションをもつ学習塾ではなく、時間をかけて「学ぶ理由」に気づかせ、自ら成長する人を育てる教育ができないかと考えたのです。

最初に立ち上げたのは放課後に児童が過ごす学童保育。テナントの家賃を少しでも賄おうと土日に行った子ども向けイベントの中で、参加者が多かったのがロボット教室でした。評判が良かった理由は、やはり楽しいから。親御さんも、小学校低学年くらいまでは、学校の成績ではなく、子どもが興味を持っていることを伸ばしてあげたい、という気持ちが強いこともわかりました。

最初は稚拙な内容だったロボット教室も、回を重ねるごとに本格的になり、現在の事業につながっていきました。親御さんから「子どものころにこんな教室があればもっと理数が好きになったのに」と言っていただくことも増え、多くの人が共有する課題にフォーカスできていると確信するようになりました。

人生を豊かにする働き方を

私にとって働くことは、単にお金を稼ぐだけではなく、人生を豊かにする手段です。「ワーク・ライフ・バランス」という言葉がありますが、人生というくくりで見れば、仕事も私生活も区別はできません。1日8時間仕事をするとして、人生の3分の1の時間を、食べるために妥協にするのはもったいないと思います。

現在、諦めや妥協で仕事をしていると思っている大人であっても、子どもたちに「仕事は妥協で選ぶものだ」とは言わないはずです。子どもには自らの意志でキャリアをつかみ取ってほしいし、主体的に仕事にやりがいを見つけ、生き生きと働いてほしいと思っているのではないでしょうか。

子どもは、自分の周りの狭い環境で、大人の背中を見て育ち、大人が仕事をする姿から「働くとは何か」を考えます。私たち教育事業に携わる者にとって「働く」ことは、子どもが育つ環境を作ることであり、自分の背中を見せることにほかなりません。

最近、子どもたちから言われてうれしいのが「将来、ロボ団の先生になりたい」という言葉。子どもたちに背中を見られる者として、これ以上のすばらしい言葉はありません。

これからも、子どもたちが希望をもって社会に羽ばたくためのモデルになるべく、私自身、またスタッフ一同、人間的な成長を目指し働くことが使命であると思っています。

国会議員からの一言

必修化されるプログラミング教育。重見氏が考案した教育カリキュラムは、子供たちの動機を削ぐことのないように考えられている教育コンテンツです。遠くない将来にIT人材不足を解消する先駆者となることだろう。

夢見る株式会社

大阪府堺市北区中百舌鳥町 5-6 中百舌鳥駅前ビル 5F　http://www.robo-done.com

国会議員が注目する26社

企業人が語る、現代の働き方。

2019年6月20日発行

発　行　謙成文庫
〒108-0078 港区三田5-1-21
TEL.03-6859-8421　FAX 03-6859-8401

印刷製本　シナノ書籍印刷

発売元　星雲社

ISBN978-4-434-26082-7